Fräulein Doctor im Irrenhause

Eine Begebenheit aus unserer Zeit

Julie Thenen

Alpha Editions

This edition published in 2022

ISBN : 9789356902978

Design and Setting By
Alpha Editions
www.alphaedis.com
Email - info@alphaedis.com

Fräulein Doctor im Irrenhause
Eine Begebenheit aus unserer Zeit

By Julie Thenen

An einem trüben, regnerischen Herbstmorgen schritt eine Frau die breite, mit feinem Kiessande bestreute Allee entlang, die zur Irrenanstalt führte. Die Frau war groß und schlank und entwickelte in jeder Bewegung eine unnachahmliche Grazie, eine vollendete Symmetrie der Form. Ihr Haar war von einem hellen Braun, auf dem ein Goldglanz lagerte, nicht anders als ruhe der volle Sonnenschein auf den reichen, wogenden Locken; das Auge, lang geformt, dunkel und feurig, war von bogenförmig feingezeichneten Brauen überwölbt und von langen schwarzen Wimpern verschleiert; durch die lilienweiße Haut schimmerte die Rose auf den Wangen; der feingeschnittene Mund, die kleinen Perlenzähne und das anmuthreiche Grübchen am Kinn vervollständigten das harmonische Ganze. Diese Frauengestalt war wunderbar, entzückend schön.

Ja, Zerline war schön wie die Fee eines Zaubermärchens und ebenso mächtig wie diese. Ein Blick ihres Glutauges, ein Wort von ihren duftigen Lippen vermochten es eben so leicht wie der Zauberstab einer Fee Schaaren von dienstbaren Geistern um sie zu versammeln. Ihre Alleinherrschaft in der galanten Welt war anerkannt, unbestritten, unumschränkt. Zu den demüthigen Zugthieren ihres Siegeswagens zählten die stolzesten Löwen des Tages. Zerline war eine gefeierte Schauspielerin, das brillanteste Decorationsstück eines Musentempels in der Provinz. Mißgünstige Rivalinnen behaupteten wohl, Zerline sei nur auf der Bühne des Lebens eine treffliche Komödiantin, im Tempel der Kunst nur eine jämmerliche Stümperin. Böse Zungen erzählten, daß sie durch mächtige Gönner sich ihren Platz auf den Brettern errungen und nur durch ihre körperlichen Reize und durch ihren Toilettenreichthum das Publicum blende. Alles dies vermochte aber die Triumphe Zerlinens nicht zu vermindern. Die Menge huldigt dem Erfolge, ohne sich zu kümmern, auf welche Weise dieser errungen wird.

Zerline war also eine Zugkraft ersten Ranges und wurde als solche vom Leiter des Theaters mit einer bei diesem Herrn nicht gewöhnlichen Liebenswürdigkeit behandelt. Der Director war ein kluger Mann. Er wußte, daß eine blendende Staffage eine viel mächtigere Zugkraft sei als ein echtes Talent, das sich zur reinen Höhe der wahren Kunst emporgeschwungen. »Das Gute wird gedacht, das Schöne aber betrachtet,« philosophirte er.

»Mein Publicum ist nicht dem Begriffe, sondern der Anschauung zugänglich, und die Kunst eines praktischen Directors besteht ja nur darin, dem Publicum den gewünschten Genuß zu verschaffen und ausverkaufte Häuser zu erzielen.« Zerline feierte Triumphe, wie die wirklichen Künstlerinnen solche nicht oft und nicht leicht erringen. Milde Kritiker räucherten sie in dicke Weihrauchwolken ein und nannten sie einen leuchtenden Stern am Firmamente der tragischen Kunst. Dies, sollte man meinen, müßte sie doch befriedigt haben. Dem war aber nicht so. Mit dem Erfolge wuchs ihr Ehrgeiz. Bald verlor die Huldigung der gutmüthigen Provinzler für Zerline jeglichen Reiz. Der Wirkungskreis in der Provinz erschien ihr eng und armselig und nur die Bühne in der Residenz ihrer würdig. In der Residenz als Tragödin gefeiert und umworben zu werden, dies ward fortan der süßeste Traum ihres Lebens. Um dies zu erreichen, war ja nur vonnöthen ein Gastspiel zu eröffnen. Daß sie mit ihrem ersten Auftreten das Publicum im Sturm erobere, dessen war sie sicher, dafür garantirten ihr ja der stürmische Beifall genügsamer Claqueurs und die Verzückung ihrer Gönner. Wollen und Können war für die gefeierte Zerline gleichbedeutend. Ein Zauberwort aus ihrem rosigen Mündchen setzte alsbald die Schaar ihrer Anbeter in Bewegung, und ehe das Tagesgestirn achtmal seinen Lauf vollendet hatte, war das schier Unglaubliche verwirklicht, die mächtige Fee hatte die Gewißheit, als Gast auf der Hofbühne der Residenz ihre Reize und die Munificenz ihrer Gönner bewundern zu lassen. Als Ophelia sollte sie das Gastspiel eröffnen. Um nun die Großstädter vollständig zu ihren Füßen zu sehen, wollte sie diese auch noch durch künstlerische Leistungen in athemlose Bewunderung versetzen. Deshalb sehen wir sie der Irrenanstalt zuschreiten. Sie will sich für den bevorstehenden Triumph künstlerisch vorbereiten, sie will nicht bloß die Empfindungen und Affecte, sondern auch die Begebenheiten, aus denen solche entsprangen, studiren. In der Irrenanstalt, in dieser Behausung des menschlichen Jammers, will sie in das große Geheimniß der tragischen Kunst erst recht eindringen. Hier will sie das Traurige, das Jammervolle, das Schreckliche, das Entsetzliche von Angesicht zu Angesicht schauen, um dann ihre Rolle als Geisteskranke mit solch entsetzlicher Wahrheit zu spielen, daß dem Publicum darob die Haare zu Berge stehen sollten. Also versicherte sie ihrer Helferin in der Rüstkammer der weiblichen Toilettengeheimnisse, der pfiffigen Mizi.

Man wähne aber ja nicht, daß dies Opfer, welches der Kunst zu bringen Zerline sich entschlossen hatte, ein gar leichtes war. Zuerst hatte sie einen mühsamen Kampf zu bestehen, bis es ihr gelang, die entsetzliche Furcht zu bewältigen, die bei dem Gedanken, in die Behausung des Wahnsinns einzudringen, sich ihrer bemächtigte. Mizi wußte ihr nicht genug des Gräßlichen von diesem Orte des Schreckens zu erzählen und bevölkerte die Phantasie der Kunstjüngerin mit den quälendsten Schreckgebilden. Schon stand zu befürchten, daß die heraufbeschworenen Phantome der

zungenfertigen Mizi den Drang, das Spiel des Wahnsinns am Born desselben zu schöpfen, ersticken würden, als zum Glück ein am Siegeswagen Zerlinens ziehender Arzt ihre Angst beschwichtigte. Nun zeigte sich ein neues Hemmniß; der Leiter der Irrenanstalt war jedem Besuche abhold. Er fand es dem Wohle seiner Pflegebefohlenen zuträglich, sie vor profaner Neugier zu wahren. Diesen Psychiater ihrem Wunsche geneigt zu machen war schwerer, als Zerline es je gedacht. Trotz der mächtigen Protection ihrer Gönner gelang es ihr nicht, die Erlaubniß zu erlangen, die Anstalt zu besichtigen. Da verfiel der sie anbetende Arzt auf den sinnreichen Einfall, sie als Fräulein Doctor anzumelden. Einem Doctor, der sein Wissen zum Wohle der leidenden Menschheit bereichern wollte, durfte die Anstalt nicht verschlossen bleiben. Der Director, obwohl kein besonderer Freund weiblicher Doctoren, konnte jetzt seine Genehmigung nicht versagen. So machte sich denn Zerline auf den Weg, um das so sehnlich Gewünschte und doch Gefürchtete von Angesicht zu Angesicht zu schauen.

Vom Zauber ihrer sinnberückenden Schönheit umgeben schritt Zerline der Anstalt zu. Ihr Auge blickte sanft und liebkosend und der schneeige Busen wogte ruhig und friedlich. Wer konnte ahnen, welch' bedrohliche Pläne für die Ruhe des starren Leiters der Anstalt sie in ihrem Innern entwarf und auch welch' wunderbare Curen die Phantasie dem Fräulein Doctor vorspiegelte! Wie oft hatte sie schon durch ihren Zauber Vernünftige in die Bande des Wahnsinns geschlagen, warum sollte sie nicht auch Wahnsinnige zur Vernunft zurückzuführen vermögen? Was war ihrem Liebreiz zu schwer? Wer vermochte es sich ihrer Macht zu entziehen? Solche und ähnliche Gedanken beschäftigten sie, bis sie am Eingange der Anstalt Halt machte. Als sie das Haus mit seinen vergitterten Fenstern erblickte, da begann ihr Herz zu pochen und zu hämmern. Alle von Mizi heraufbeschworenen Gespenster standen wieder vor ihrem inneren Auge. Die Kunst lief Gefahr, von der Furcht besiegt zu werden; Zerline war schon im Begriff die Flucht zu ergreifen, da erschien noch zur rechten Zeit der Thürsteher der Anstalt. Die Intervention dieses ungebildeten Volkssohnes ersparte der Muse eine Niederlage.

Der Thürsteher, der einige Zeit stumm vor Entzücken auf die blendende Frauenerscheinung gesehen, riß jetzt dienstbeflissen die Thürflügel auf und lud sie zum Eintritte ein. Mechanisch folgte ihm Zerline in's Wartezimmer. Hier bat er sie, sich zu gedulden, bis er ihre Ankunft gemeldet haben werde, und entfernte sich unter zahllosen Bücklingen.

Vom Schrecken beherrscht fiel Zerline ermattet auf einen Sitz nieder. Dann ließ sie ihr Auge im Raume umherschweifen. Das Zimmer war einfach und prunklos, sah aber ganz wohnlich aus. Auch das vergitterte Fenster erschien von innen nicht so abschreckend, und die Aussicht in den Park war trotz des trüben, regnerischen Wetters nicht ohne Reiz. Zerline begann sich

allmälig zu beruhigen. Sie erhob sich dann von ihrem Sitze und näherte sich einem Spiegel, um da eine losgegangene Locke ihrer Frisur zu befestigen. Eben hatte sie sich des widerspänstigen Löckchens bemächtigt, als zwei Männer in die Stube traten.

Die Neueingetretenen blieben beim Anblicke Zerlinens überrascht stehen. Sie wurden gleich dem Thürsteher vom mächtigen Zuge der Bewunderung fortgerissen, blieben aber nicht stumm, sondern stießen ein lautes »Ach!« des Entzückens aus.

Ein Lächeln des Triumphes kräuselte die Lippen Zerlinens. Mit dem ersten Blicke hatte sie den Feind bezwungen, den starren, unzugänglichen Leiter der Anstalt. Dies war er ja doch, der großgewachsene Mann mit wallendem Bart und Haupthaar, und sein Begleiter war sicherlich der Doctor, der dem Director in der Krankenpflege treulich zur Seite stand. Also dachte die Siegesgewisse und wollte auch im Bewußtsein ihrer Macht recht bald ihr Incognito fallen lassen; als Zerline und nicht als Fräulein Doctor sollte er sie durch die Räume der Anstalt führen. Diese Hoffnung erwies sich jedoch bald als trügerisch, denn der stattliche Mann mit wallendem Bart und Haupthaar stellte sich ihr als Graf Roller vor, sein Begleiter war der Oberwärter der Anstalt.

Der Letztere entschuldigte den Director, der durch Krankheit verhindert sei, Fräulein Doctor zu empfangen. Der Doctor der Herrenabtheilung müsse den Director in der Kanzlei vertreten, berichtete er, und der Doctor der Frauenabtheilung sei zu einer Patientin gefahren. Wenn Fräulein Doctor seine Rückkehr nicht abwarten wolle, so könnte sie sich getrost der Führung des Grafen Roller anvertrauen. Der Herr Graf sei in der ärztlichen Kunst bewandert und werde ihr alles Interessante in der Anstalt vorführen, fügte er zum Schlusse bei.

Der Graf ermangelte nicht, sich mit der Artigkeit eines feinen Weltmannes der schönen Besucherin zur Verfügung zu stellen, und Zerline nahm mit einem verführerischen Lächeln sein Anerbieten an. Vom Grafen geleitet schritt sie durch eine helle, geräumige Vorflur einer steinernen Treppe zu.

»Meiner Ansicht nach vermögen solch' äußerliche Anschauungen nur wenig die functionellen Störungen zu beleuchten,« begann der Graf seine Ansprache zu dem vermeintlichen Fräulein Doctor. »Ich halte ähnliche Beobachtungen für einen angehenden Arzt nicht für hinlänglich. Das vornehmste Lehrbuch ist der Cadaver. Nur anatomische Befunde und zumeist nach frischen Fällen gewonnene Befunde können dem Arzt Einblick in den Proceß gewähren. Dies ist meine Ansicht. Wohl meint die moderne Psychiatrie, daß wir im Vorderhirn die diagnosticirbaren, auffallenden Formen anatomischer Veränderungen noch im Leben vorfinden, sie behauptet sogar, daß der äußere Verlaufsproceß nur eine Spiegelung des

inneren Processes sei, ich aber verfechte unerschrocken meine Ansicht, daß ohne den Befund im Cadaver die Wissenschaft im Finstern tappen muß.« Hier unterbrach er seinen gelehrten Discurs. Sie waren bei einer Thüre angelangt, welche ein Wärter von innen geräuschlos öffnete und wieder schloß. Sie traten in einen hohen, hallenden Corridor.

Zerlinen war es seltsam zu Muthe. Schon der Anblick dieser Räume, die so viel menschliches Elend bergen sollten, machte ihr das Herz schwer. Ringsum herrschte eine tiefe, grabähnliche Stille, die nur von ihren und ihres Begleiters Schritten, welche im steingepflasterten Corridor laut wiederhallten, unterbrochen wurde. Um ihre Bangigkeit noch zu steigern, sprach der Graf ein gelehrtes Kauderwelsch, von dem sie kein Wort verstand. Nur das Eine meinte sie zu verstehen, daß er sie aufforderte, fleißig in Leichen herumzuwühlen.

Hu, der Gedanke an dies Schreckliche machte ihre Füßchen schwach bis zum Umfallen. Jetzt kroch wieder die Furcht wie ein Alp an sie heran und rief ihr alle die schrecklichen Geschichten, die ihr Mizi von der Gefährlichkeit, von der Tobsucht und der Raserei der Wahnsinnigen erzählt hatte, in's Gedächtniß zurück. Bald brachte jedoch die Sucht zu glänzen, welche Zerline als den Drang, sich auf die wahre Höhe der tragischen Kunst emporzuschwingen ansah, die Einflüsterungen der Furcht zum Schweigen. Ja sie wollte unerschrocken das Entsetzliche von Angesicht zu Angesicht schauen, sie wollte allen Gefahren trotzen, um dann durch ihren meisterhaft gespielten Wahnsinn alle Rivalinnen vor Neid wahnsinnig zu machen. Mit dem Panzer dieses menschenfreundlichen Wollens umgürtet betrat sie den Conversationssaal der Herrenabtheilung.

Sie sah neugierig und mit nicht geringem Herzklopfen umher. Dies war kein mit Eisengitter umgebener Käfig, wie die Schauermärchen Mizis die Räume einer Irrenanstalt schilderten, und auch die Personen, die sie da gewahrte, hatten keine Aehnlichkeit mit den gefürchteten Schreckbildern aufzuweisen. Etwa ein Dutzend Männer saßen auf Stühlen und studirten eifrig die Journale, Andere hatten sich um einen mit Nachdruck sprechenden Priester gruppirt und lauschten aufmerksam seinen Worten.

»Dies sind Patienten, mit Melancholie, mit Manie und mit Stupor behaftet,« erklärte der Graf dem vermeintlichen Arzt. »Wenn Sie den Reden der Patienten Aufmerksamkeit schenken wollen, dann werden Sie einsehen, wie wenig die äußerliche Anschauung die functionellen Störungen im Innern zu veranschaulichen vermag.«

Zerline nickte bestätigend mit dem Kopfe. Auf andere Weise wußte sie ihrem gelehrten Führer keine Antwort zu geben. Was begriff sie von functionellen Störungen und von Stupor und Manie? Bei ihren Anbetern hatte sie wohl stark ausgesprochene Symptome von Verwirrtheit und

Imbecillität gesehen, aber es genügte ihr zu wissen, daß sie die Ursache und Veranlassung dieser Erscheinungen war, mit der Lehre von den Krankheiten und ihren verschiedenen Gattungen und Arten hatte sie sich nicht befaßt. Von dem gelehrten Unsinn des Grafen verstand sie eben nicht mehr als ihr Schooßhündchen Zara, wenn sie ihm eine ihrer Rollen vordeclamirte, sie athmete erleichtert auf, als der Graf sie zu einem Sitze führte und sich dann zu der Gruppe gesellte, die den Priester umgab.

»Die moderne Philosophie umnebelt den Kopf der rohen Masse,« sprach der Priester gerade, als der Graf herzutrat. »Sie demoralisirt das Volk durch die Zerstörung aller alten Einrichtungen, sie entwurzelt den Glauben an eine ewige, rächende und richtende Gottheit, an ein Jenseits, an eine Unsterblichkeit, sie führt die Herrschaft der rohen Materie ein, sie schmäht und verspottet die Zeit, in welcher die heilige Kirche die Teufel aus der Menschenbrust vertrieb. Wohin, frage ich, kann und soll dies führen, wenn nicht zur Herrschaft des Verbrechens und zur totalen Auflösung aller menschlichen und gesetzlichen Bande? Vermögen all' die subtilen Verstandestheorien der Apostel des Unglaubens, vermag all' ihr sophistischer Wortprunk den Glauben, dieses Himmelslicht, zu ersetzen? Wodurch wollt Ihr die Menschheit für das ihr geraubte Kleinod schadlos halten, für das göttliche Geschenk, das den Erdensohn im Glücke vor Uebermuth bewahrt und im Unglücke vor Verzweiflung schützt?«

Diese Worte waren an einen ältlichen Mann gerichtet, der dem Priester gegenüberstand und der leidenschaftlichen Rede desselben mit kalter Ruhe zuhörte.

»Durch das Bewußtsein, daß Moral und Sittlichkeit nicht erst der Ausfluß einer geoffenbarten Religion sein müssen, denken wir das Verlorene zu ersetzen,« erwiederte der Gefragte. »Wir wollen beweisen, daß nicht in den rohen, materiellen Gefühlen des Fürchtens und Hoffens auf Vergeltung der wahre, edle Kern der Moral liege, sondern daß er in der geistigen Veredlung, in der Entwicklung des Rechtsgefühls, in der Unabhängigkeit und in der Scheu vor jedem unredlichen Beginnen zu suchen und zu finden sei. Die Menschheit lebt, wie Euer Heiligkeit richtig bemerkten, in einem materiellen Zeitalter, in welchem Hypothesen nicht mehr genügen, die nüchterne Menschheit verlangt jetzt Axiome. Gebt ihr solche, und sie wird wieder ihre Knie vor der Kirche beugen und auch ihr Geist wird anbetend vor Euch niederfallen.«

Der Priester maß ihn mit finsteren Blicken und erwiederte dann mit grollender Stimme:

»Wo die Ueberzeugung, da ist kein Glaube mehr. Wie die Vernunft so vermessen wird, mit dem Secirmesser der kalten Berechnung den Glauben zergliedern zu wollen, da kehrt dieser zum göttlichen Spender zurück, und der ruchlose Anatom sucht ihn vergebens im zerfleischten Cadaver.«

»Der Befund im Cadaver muß der einzig richtige Leitfaden für den Forscher sein,« mischte sich nun Graf Roller in den Disput.

»Der denkende Mensch will keinen blinden Glauben, er will Wahrheit, und zur Wahrheit kann man nur durch Forschen und Wissen, nur durch Aufklärung gelangen,« behauptete ein Mann mit blassen, melancholischen Zügen. »Mag die Wahrheit noch so grauenvoll sein, der denkende Mensch wird sie immer der lieblichsten Selbsttäuschung vorziehen.«

»Die Corruption und all' das scheußliche Heer der Sünden hat Eure gepriesene Aufklärung der Menschheit gebracht,« schrie der Priester, dessen Augen jetzt wie zwei sprühende Feuerräder rollten. »Ihr bläht Euch mit der Vernunft, mit dem Wissen und bleibt doch bei jedem Schritt und Tritt vor unauflöslichen Problemen stehen. Mit frecher Stirn nennt Ihr sogar das Gehirn Erzeugungsorgan der Seele, trotzdem Euch nicht mehr als die äußere Anatomie der Form davon bekannt ist. Gesteht doch einer Eurer mächtigsten Herrscher auf dem Gebiete des Wissens, daß die Anatomie des inneren Baues des Gehirnes für immerdar ein mit sieben Siegeln geschlossenes und noch dazu in Hieroglyphen geschriebenes Buch ist.«

»Meine Herren, ruhig mögt Ihr nach Herzenslust plaudern, nur nicht das Blut erhitzen,« ermahnte ein Wärter.

Zerline war dem Disput mit großer Aufmerksamkeit gefolgt. Sie vermochte es kaum zu glauben, daß sie Pensionäre der Irrenanstalt reden hörte. Was ihr Interesse noch steigerte, war, daß sie in dem jungen, schönen Priester den Fastenprediger erkannte, dessen Reden sie stundenlang in lautloser Verzückung zu lauschen pflegte. Nach den rauschenden Freuden des Carnevals war es für sie eine gruselnde Wollust gewesen, von dem schönen Prediger die Pein, die der Sünder im Reiche Satans harrte, mit glühender Beredsamkeit schildern zu hören. Sie konnte das Auge von ihm nicht abwenden. Wenn er sprach, belebte sich das starre, bleiche Antlitz und sein dunkles Auge glühte und der Körper bebte und jede Muskel zuckte. Er war schön, der bleiche Priester, so schön, daß Zerline in seinem Anblick versunken den eigentlichen Zweck ihres Besuches in der Anstalt vergaß und den Grafen, der sie zum Weitergehen aufforderte, ersuchte, bis zur Beendigung des Disputes zu bleiben.

»Der Priester laborirt an jener chronischen Seelenstörung, die wir partielle Verrücktheit nennen,« flüsterte ihr der Graf zu. »Er ist im Wahne, der heilige Vater zu sein und schleudert als kirchliches Oberhaupt alle seine Blitze gegen die Pionniere der Aufklärung. Im steten Kampfe ist er mit diesem Patienten.« Er bezeichnete den ältlichen Mann, der dem Priester kampfbereit gegenüberstand. »Dieser, im Wahne der Zeitgeist zu sein, sucht seinerseits jedes Bollwerk gegen Forschung und Wissen darniederzureißen und steht dem Fanatiker feindlich gegenüber.«

Die Irren hatten ihren Wortkampf wieder aufgenommen.

»Die Wissenschaft gesteht mit ehrlicher Offenheit ihre Ohnmacht, manches Problem zu lösen, und fordert dadurch die Menschheit zu noch angestrengterem Forschen auf,« sprach der Widersacher des Priesters mit leidenschaftsloser Ruhe.

»Die Forschung ist die Pforte zur Wahrheit und das Wissen ist ihr Tempel,« ließ sich der Irre mit den bleichen, melancholischen Zügen wieder vernehmen. »Das leuchtende Antlitz dieser Gottheit verschmäht den Schleier der Mystik, ihre majestätische Gestalt umwallen keine Prunkgewänder; sie lockt nicht mit Lohn und droht nicht mit Strafe. Ernst und leidenschaftslos thront sie auf ihrem erhabenen Sitz und ist jedem Menschenkinde zugänglich. Wer ihr Antlitz schauen will, darf nicht blind glauben, der muß nur forschen, denn Zweifel sind die Stufen, die zur Wahrheit führen.«

»Bairisch Bier und Leberwurst

Juchheidi, juchheida,

Und ein Kind mit runder Brust,

Juchheidi, heida,

Und ein Glas Krambambuli,

Donnerwetter Parapluie,

Juchheidi, heidi, juchheidi, juchheida,

Juchheidi, heidi, heida, juchheidi, heida!«

krächzte ein Irrer, dessen rubinrothe Nase ihn als Verehrer des Bacchus kennzeichnete. »Schweig', Ritter von der breiten Krämpe, oder lasse Bacchus leben!« rief er dem Priester zu.

»Vivat Bacchus, Bacchus lebe,

Bacchus war ein braver Mann.«

»*Delirium tremens*,« flüsterte jetzt der Graf dem Fräulein Doctor zu, welches nur Auge und Ohr für den schönen Fastenprediger hatte.

Der Eiferer ließ sich durch die triviale Unterbrechung des Säufers in seinem Dispute nicht stören und erwiederte dem Wahrheitssucher mit schneidendem Hohngelächter: »Sprecht nur den göttlichen Gesetzen Hohn, entsagt schamlos der Menschenwürde und pflanzt nur die Vernunft als Glaubensfahne auf. Die gepriesene Vernunft wird Euch zur Wahrheit führen, die Vernunft, welche der aufgeklärten Menschheit zur ehrenvollen Verwandtschaft mit dem Kletterthier verholfen hat. Und du, ihr Apostel, wohin hat dich deine Forschung geführt? Die Wahrheit hast du gesucht und das Irrenhaus hast du gefunden.«

Ein Blick unsäglicher Verachtung aus dem Auge des Wahrheitssuchers fiel auf den Zeloten. Er wollte antworten, als ein Mann von finsterem Aussehen das Wort ergriff.

»Ich behaupte, daß, wenn die Herren Affen nur die Macht des Wortes besäßen, sie gegen die noble Verwandtschaft mit dem Menschen energisch protestiren würden,« versicherte der Sprecher mit großer Bestimmtheit. »Die Herren Affen leben ruhig und friedlich in ihrem primitiven Zustande nur der Befriedigung ihrer natürlichen Bedürfnisse, die Herren Affen sind von allen Krebsschäden, die an der menschlichen Gesellschaft fressen, unberührt. Hochmuth, Eigendünkel, Herrschsucht, Selbstsucht, Scheinheiligkeit, Verleumdung, Verlogenheit, Heuchelei, Falschheit, Treulosigkeit und wie sonst noch das Heer menschlicher Leidenschaften heißen mag, nisten vorzüglich in der Menschenbrust. Jetzt frägt es sich –«

»Ja, alle diese Leidenschaften nisten im Herzen des Weibes,« unterbrach ihn Graf Roller in sichtlicher Aufregung. »Fand ich doch alle diese geflügelten Ungeheuer im Herzen der Falschen.« Hier brach er ab und zuckte schmerzhaft zusammen.

Zerline hatte nur Augen für den schönen Priester, dessen Geist trotz des logischen Zusammenhanges seiner Rede in der Macht des Wahnsinns sein sollte. Wenn dies Wahnsinn war, frug sie sich, was war gesunder Sinn zu nennen? Alle, die ihr zu Füßen lagen, besaßen nicht das Wissen und nicht die Beredsamkeit dieser Unglücklichen, die von der Außenwelt abgeschlossen hier ihr trauriges Dasein verbrachten.

»Die wahre Pest unserer unseligen Zeit seid Ihr, die Häupter der tückischen Bande, die sich die Organe der öffentlichen Meinung nennen,« wendete sich der Eiferer wieder an einen Mann, der in ein Journal vertieft zu sein schien. »Ihr reißt die Welt aus den Fugen und verläugnet und kreuzigt mit Eurer ruchlosen Aufklärung die heilige Religion.«

»Die Aufklärung verläugnet nicht die Religion,« entgegnete der Angeredete die Achsel zuckend. »Die Aufklärung will nur nicht diese Religion, wie manche Priester sie geben. Wahre Religion begehrt weder Demuth noch knechtische Furcht, sie verlangt Selbstständigkeit und inneres Durchdrungensein von ihrer Wahrheit, sie will nicht mit Zittern und Zagen, sie will nur mit Liebe umfaßt sein.«

»Baut nur Eurem Götzen stolze Tempel und übergoldet seine Altäre mit dem Raube, den Ihr mit verruchter Hand an mir, dem Stellvertreter Petri, und auch an den Frommen der gesammten Christenheit begangen habt,« schrie der Zelot mit heftiger Gesticulation. »Führt nur die Bauten eures sündhaften Hochmuthes bis in die Wolken und sucht den Himmel zu stürmen. Thut dies, Ihr ruchlosen Umstürzler, thut dies, bis Ihr die Langmuth Jehovas ermüdet und Ihr den Lohn dafür da findet, wo ewig Heulen und Zähneklappern ist.«

»Der Frosch und die Unken

Und andere Halunken,

Die können nur zechen

Mit rächelndem Rachen,

Sie schlürfen aus Bächen,

Aus Pfützen und Lachen,

Aus Gruben und Klüften,

Aus Weihern und Teichen,

Aus Gräbern und Grüften

Und manchem dergleichen

Und plärren im Chor,

Auf Moder und Moor

Nur Schnickschnack und Schnackschnack

Und Unkunk und Quackquack,«

näselte der Trunkenbold, sein Lied mit possierlichen Grimassen begleitend.

Der Zeitungsschreiber hatte sich erhoben und stand in drohender Haltung dem Priester gegenüber. »Elender Fanatiker, mich, dessen einziges Ziel es ist, die Menschheit zu beglücken, den Gründer des echten, reinen Glaubens, zeihest du des Raubes, der schmutzigen Gewinnsucht?« rief er zornig. »Religion ist Gold, im urbaren Zustande dem Menschen in die Hand gegeben. Ich habe die leuchtende Goldfaser entdeckt, und du, Finsterling, betest die Schlacken an. Mein Cultus bedarf nicht der Vergoldung. Der Tempel meiner Religion ist jedes edle Menschenherz, ihr Altar ist die Menschenliebe, ihr Gebet ist Menschlichkeit und ihr Lohn ist das Bewußtsein, seine Pflicht als Mensch zu erfüllen. Wozu bedarf ich des Goldes, wozu der physischen Macht? Mein reiner Glaube will keine käuflichen Glaubensüberläufer und er verschmäht auch jedes Gewaltmittel zu seiner Ausbreitung.«

»Warum hast du mir also mein Reich geraubt, warum hast du mir meine weltliche Macht genommen?« schrie der Zelot in leidenschaftlicher Erregung.

»Dein Reich ist nicht von dieser Welt,« rief eine hagere, fleischlose Gestalt, auf den Priester zuschreitend. »Meine Lehre verbietet dir, nach irdischer Größe, nach sündigem Reichthum zu streben, und nach irdischer Macht und nach irdischem Prunk lechzt deine Seele. Sündiger Verkünder meiner Worte, nur du und deinesgleichen, Ihr kreuzigt meinen Glauben und macht alle meine Wunden auf's Neue bluten.«

»Religiöser Wahnsinn,« belehrte der Graf Zerlinen und setzte ihr dann auseinander, wie der Unglückliche, im Wahne der Heiland zu sein, stundenlang mit ausgespannten Armen dastehe und wie sein kranker Geist ihn alle die fürchterlichen Qualen des Martyriums wirklich empfinden lasse.

»Die Liebe ist der Grundstein meines Glaubens, und Liebe und Nachsicht muß der Kitt sein, der den Bau des Christenthums zusammenhält,« fuhr der eingebildete Erlöser fort. »Der echte Diener Gottes muß des Glaubens Trost in das wehe Menschenherz gießen, er muß den Unglücklichen aus den öden Steppen der Verzweiflung auf die ewig grünende Oase der Hoffnung hinführen, er muß an dem unversiegbaren Born der göttlichen Gnade ihn erlaben, vor dem verderblichen Sturm der Leidenschaften ihn warnen und Stab und Stütze ihm sein auf der irdischen Dornenbahn. Und sein Gebet muß nur Gnade und Verzeihen für die Sünder erflehen, Vertilgung aber soll es nur für die Sünde erbitten! So will ich die Verkünder meiner Lehre!« rief der Irre mit gebieterischer Handbewegung. »Durch Liebe und Duldsamkeit wird mein Glaube verherrlicht, durch Liebe und Duldsamkeit wird seine Macht unerschütterlich, und unbezwingbar steht er seinen Feinden gegenüber, wenn er überhaupt dann noch Feinde zählt.«

»Herr Bruder, nimm dein Gläschen

Und trink' es fröhlich aus;

Und wirbelt's dir um's Näschen,

So führ' ich dich nach Haus.

Bedenk', es ist ja morgen

Schon Alles wieder gut,

Der Wein vertreibt die Sorgen

Und gibt uns frohen Muth,«

sang jetzt der rothnasige Zecher, auf den Erlöser zuschreitend. Er faßte ihn am Arm und zog ihn trotz seines Sträubens mit sanfter Gewalt aus dem Saale.

Der streitsüchtige Priester suchte nun wieder einen Gegenstand für seine Disputirwuth. Er packte den Irren, welcher sich einbildete der Zeitgeist zu sein, und setzte ihm so hart zu, daß es ihm zuletzt gelang, diesem seine Gelassenheit zu rauben.

»Die Zeit ist um, in der die Furcht vor unbekannten Schrecken die Menschheit abhielt, Eure drohenden Phantome vor das Forum der Vernunft zu citiren,« schrie nun der Zeitgeist zornig. »Die Menschheit will nicht mehr die von Euch construirte Brille tragen, die ihr nicht erlaubt über den ihr angewiesenen Gesichtskreis zu schauen. Ich, der mächtige Zeitgeist, habe Euren Himmel gestürmt, ich habe Eure morsche Zwingburg in Schutt und Trümmer gelegt. Mich bekämpfst du, Priester, vergebens. Du, jämmerlicher Pygmäe, willst hemmend in mein Schaffen und Wirken eingreifen. Ich werde dich mitleidslos zermalmen, wenn du mich an der glorreichen Vollendung meines Werkes zu hindern suchst.«

»Mit wem sprichst du, Verbreiter der schändlichsten Sacrilegien?« brüllte der Priester. »Du schmähst mich, den unfehlbaren Stellvertreter Petri. Ich will dich in den Pfuhl der ewigen Verdammniß –«

Hier bemächtigte sich der Wärter der geballten Fäuste des Eiferers, die sich in sehr bedrohlicher Weise dem Gesichte des Zeitgeistes genähert hatten, und führte den Erbitterten einige Schritte abseits.

»Ja, es ist eine kritische Zeit, heiliger Vater,« sprach ein bis nun stummer Zuhörer, mit bedenklichem Kopfschütteln zum Priester, der sich grollend in einen Winkel zurückgezogen hatte. »Das Consortium der ewigen Seligkeit ist in einer argen Klemme. Unsere Actien sind durch die Contremine des Zeitgeistes weit unter ihren Nominalwerth herabgedrückt worden. Nicht die Manöver eines erhöhten Zinsfußes und nicht die lockende Aussicht auf eine Superdividende vermögen uns jetzt zu helfen. Der einzige Ausweg wäre,« fügte er im Flüstertone hinzu, »mit der gut accreditirten Aufklärung einen Cartelvertrag abzuschließen.«

Ein Blitz unsäglicher Wuth entsprang dem Auge des Priesters. Einige nicht wiederzugebende Ausdrücke waren der Lohn für den wohlmeinenden Rath des gutherzigen Vermittlers.

Zerline, ganz im Anblicke des Priesters versunken, hatte, wie schon erwähnt, fast den Zweck ihres Besuches in der Anstalt vergessen. Sie konnte und wollte nicht glauben, daß der schöne Fastenprediger geisteskrank sei. Als sie aber gewahrte, daß er für sie keinen Blick habe, da begann sie allmälig zur

Erkenntniß seines Irrsinns zu gelangen. Unglaublich! Bei ihm schien ihr herausforderndes Lächeln, das verführerische Spiel ihrer Augen, kurz die ganze Musik ihrer Reizungen stumpfe Sinne zu finden. Wohl hatte sie von Asketen vernommen, die, mit dem Panzer der Heiligkeit umgürtet, jeglichem Sinnesreiz unzugänglich waren, aber diese sollen welke, lebensmüde Greise gewesen sein, die vielleicht gar von der Verführung verächtlich übersehen worden waren. Nicht so der schöne Priester. Ein junges, pulsirendes Leben. Und er blieb kalt und unempfindlich bei all' den Glutgeschossen aus dem Feuerauge der sinnberückenden Zerline. Bedurfte es da erst eines ärztlichen Attestes, um seine Verrücktheit zu bescheinigen? Ja, er war unheilbar wahnsinnig. Voll Aerger und mit dieser Ueberzeugung verließ sie endlich den Saal, um mit dem Grafen den Rundgang in der Anstalt fortzusetzen.

Als sich die Thüre hinter ihnen geschlossen, meinte der Graf lächelnd, es sei sonderbar, daß die Himmelsinspectoren noch immer den Zins für ein Plätzchen im Himmel bis zur Unmenschlichkeit steigerten. Hierauf begann er wieder eine gelehrte Abhandlung über göttliche und irdische Liebe. Letztere nannte er eine *insania mentis*, und Diejenigen unwissende Thoren, die, ohne nach dem Befund mit dem Secirmesser im Muskelsack, *vulgo* Herz, zu forschen, über diesen Krankheitsproceß polemisirten. Der leitende Faden im Labyrinthe der Diagnostik sei, behaupte er, nicht im Verfolgen des Krankheitsprocesses zu suchen, und auch auf das Wesen des Processes werde durch das Nacheinander von Erscheinungen in acuter regressiver, acuter progressiver, subacut progressiver, chronisch progressiver, aufsteigender, absteigender Verlaufsweise kein Licht geworfen. Dies behaupte er mit bewußter Sicherheit und er hoffe, daß auch Zerline sich seiner Behauptung trotz der widersinnigen Ansichten der modernen Psychiatrie anschließe. Bei den letzten Worten nahm sein Antlitz einen seltsam verzerrten Ausdruck an und seine Augen begannen zu glühen. Zerline, deren Gedanken noch immer beim schönen Priester weilten, bemerkte die Veränderung im Gesichtsausdrucke des Grafen nicht. Sie nickte zum gelehrten Gallimathias, von dem sie kein Wort verstand, beifällig mit dem Kopfe, und dieser stumme Beifall verscheuchte alle Wolken von der Stirn ihres Führers. Bald waren sie bei einem zweiten Corridor angelangt. Auf das Pochen des Grafen wurde eine Thüre wie zuvor von innen durch einen Wärter geöffnet und sofort hinter ihnen wieder geschlossen.

Im Gange spazierten einige Männer mit über dem Rücken oder über der Brust gekreuzten Armen schweigend auf und nieder.

Der Graf bezeichnete sie als Apostel des Scheinwissens, der Vernünftelei, die das rationelle Wissen, das gründliche Forschen durch die rostzerfressene Waffe der Metaphysik zu bekämpfen suchen, als Vernunftgaukler, die auf dem schwanken Seil einer speculativen Philosophie ihre Künste zeigen und sich der Trugschlüsse als Balancirstange bedienen. »Narren, die über Liebe polemisiren,« bezeichnete er wieder zwei Männer, die mit sichtlicher Erregung zu einem Wärter sprachen.

»Johann, gesteht es nur, vermag alle Zweifelsucht die Wunder der Liebe zu läugnen?« rief der Eine, die Hand des Wärters ergreifend. »Gibt es für eine schöne Seele ein süßeres Glück als dieses veredelnde Gefühl, das großmüthig alle Freuden spendet, ohne solche zu verlangen, denn reine Liebe kann nur geben und nicht begehren. Reine Liebe mildert die Ueberlegenheit des Starken, sie hilft der Schwäche aus ihrer Ohnmacht auf, sie ist die heiligste Empfindung, sie strömt aus der reinsten Quelle und ist göttlicher Natur.«

»Johann, laßt Euch nicht betören,« schrie der Zweite und bemächtigte sich der anderen Hand des Wärters. »Die Liebe ist nur ein Sinn, der darnach strebt, sich mit dem Sinnlichen zu vereinbaren, eine Ueberreizung des inneren Sinnes, der seine krankhafte Anschauung dem äußeren Sinne unterschiebt. Darum der Wahn, den Gegenstand der Anbetung in einem Nimbus von Vollkommenheiten zu sehen, die dieser nicht besitzt. Das Grab aller dieser exaltirten Empfindungen ist der Besitz. Mit dem Besitz tritt die Vernunft wieder in ihr Recht und rächt sich, durch die ihr widerfahrene Vernachlässigung gekränkt, durch eine desto unumschränktere Herrschaft. Was geschieht also jetzt? Da sich die Trunkenheit des Geistes an dem Taumel der Sinneslust verflüchtigt hat, erhebt sich nun der so lange daniedergehaltene Geist und betrachtet nüchtern den Gegenstand, dem er eine gottgleiche Anbetung gezollt hat. Was findet er da? Ein mit allen Schwächen und Gebrechen behaftetes Wesen. Welche Wandlung tritt nun bei ihm ein? Aus dem Auge seines Idols, früher für ihn der Spiegel tiefster Empfindungen, gähnt ihn jetzt ein Meer von Inhaltslosigkeit an, das süße, ihm einst unsägliche Wonne spendende Lächeln wird ihm zur widrigen Grimasse und die schmelzend modulirende Stimme, die zuvor alle Fibern seines Herzens erzittern machte, wird ihm zum tremolirenden, unharmonischen Klang. Jetzt hat sich die Liebe in Gleichgiltigkeit oder in Widerwillen oder gar in Haß verwandelt. Nun beginnt die Unterwürfigkeit nach Unterjochung zu streben, und der demüthige, willenlose Sclave wird ein harter, grausamer Gebieter. Dies ist die einzig logische Erklärung vom Ursprung und vom Ende der Liebe, die ideale Gefühlsdusler mit einer überirdischen Strahlenglorie umgeben. Johann, meine Auseinandersetzung ist doch klar und faßlich. Laßt Euch durch den Redeschwulst eines Geisteskranken vom Wege der Vernunft nicht weglocken.« Die letzten Worte wurden mit einer nicht zu mißverstehenden Geberde auf seinen Widersacher begleitet.

»Freilich sehe ich ein, daß Sie vernünftig beweisen, fünf sei eine gerade Zahl,« bestätigte der Kampfrichter.

Bei dieser Versicherung umspielte ein Lächeln stolzer Befriedigung den Mund des Preisgekrönten, während sich auf der Stirne seines Gegners dräuende Wolken des Zornes häuften.

»Du wagst es, die platonische Liebe mit dem thierischen Triebe, die reine Himmelstochter mit der irdischen Venus zu identificiren?« schrie der Platoniker wild gesticulirend. »Es ist keine Kunst, über Gefühle Meister zu werden, die deine schmutzige Seele nicht einmal flüchtig bestreichen. Dem groben Stoff ist das erhabene Gefühl, welches den Geist zwingt, vor dem Gegenstand seiner Anbetung niederzufallen, ein Geheimniß, das er nie ergründen kann. Johann, gebt dem schmutzigen Cyniker keine Macht über Euch, glaubt seinen Worten nicht, sie sind giftiger Mehlthau für die edelsten, erhabensten Blüthen, die eurer Seele entsprießen.« Hier zitterte seine Stimme und sein Auge ruhte flehend auf dem Wärter.

»Ja, ja, Ihre Behauptung ist die richtige. Ein runder Tisch hat vier Ecken,« bestätigte der gutmüthige Wärter.

Jetzt tänzelte eine lange, dürre Gestalt, mit allen Merkmalen eines Löwen der Mode ausstaffirt, auf die Streitenden zu.

»Der Platoniker und der Cyniker bauen schon wieder ihre Luftgebäude von Sophismen,« rief er verächtlich. »Ich bin Raoul von Biber, der alle Frauenherzen mit eben solchem Gleichmuth wie die Austern verspeist. Wer wagt es über Liebe zu sprechen, ohne zuvor mein Gutachten hierüber einzuholen? Ich will eure Lügengebäude Kartenhäusern gleich zusammenschmeißen.« Und nun begann der Weiberherzenfresser wunderbare Mären von seinen Eroberungen zu erzählen. In seinem Siegesregister wimmelte es von Fürstinnen und Herzoginnen, die sich um ihn die Augen ausgeweint. Primadonnen und dramatische Größen hatten nur für ihn gesungen und gespielt und zahllose Unglückliche hatten sich aus Verzweiflung über seine Kaltherzigkeit die Pulsadern aufgeschnitten oder das kalte Wassergrab aufgesucht. Raoul behandelte, seiner Versicherung nach, die Unglücklichen, die nach der glänzenden Schmach, seine Sclavinnen zu sein, lechzten, mit kalter Grausamkeit. Er warf einfach der Bevorzugten das Schnupftuch zu und nahm es wieder zurück, wenn er eine Andere vor Selbstmord bewahren wollte.

»Der alberne Nickvogel hat sich einen phantastischen Harem mit glutäugigen und antilopenäugigen Odalisken geschaffen,« flüsterte Graf Roller Zerlinen zu, und als sie ihren Rundgang fortsetzen, erzählte er, wie eines Tages die Schattengestalten, mit denen Raoul seinen selbstgeschaffenen Harem bevölkerte, sich plötzlich für ihn zu verkörpern begannen. In jedem Weibe erblickte er nur eine erlauchte Persönlichkeit und zuletzt warf er sich einer überreifen Tochter Libussas zu Füßen, deren vornehmste Eigenschaften in der geschickten Handhabung von Scheuerbesen und

Aufwaschlappen gipfelten, und bat sie flehentlich, ihn als Prinz-Gemal zu acceptiren.

Zerline hörte dem Grafen gelangweilt und mit Mühe das Gähnen unterdrückend zu. Der Weiberherzenfresser war für sie nicht neu und nicht interessant. Wie viele solche eingebildeter Frauenbezwinger zählen zu ihren Bekannten! Ein gutes Stück von Raouls Narrheit steckte ja sogar in ihren mächtigen Gönnern. Wie ganz verschieden war dies, was sie hier sah und vernahm, von dem, was sie erwartet hatte. Was konnte sie eigentlich aus diesem Wahnsinn für ihre Rolle Ersprießliches schöpfen? Sie suchte ja nur den Wahnsinn, der der Verzweiflung entspringt und Schrecken verbreitet. Was hatte sie bis jetzt im Irrenhause gefunden? Narren, die sich vernünftiger geberdeten als alle Anbeter, die zu ihren Füßen lagen. In diesen nicht sehr erquicklichen Gedanken unterbrach sie der Graf. Er machte sie auf einige Individuen aufmerksam, deren Antlitz einen stark ausgeprägten Zug speculativer Schlauheit aufzuweisen hatte. Er bezeichnete sie als Opfer der Börsenkatastrophe. Einen ältlichen Mann, dessen Brust eine Unzahl Orden aus Goldpapier schmückte, bezeichnete er als einen gewesenen Börsenmatador, der unermüdlich immer neue Pläne schmiede, um seine verlorenen Schätze wieder zu erobern. Pläne, die natürlich an Widersinn und Verrücktheit kaum ihres Gleichen fänden, die aber ein glänzender Beleg für seine Raffinirtheit in Gewinnerspähung waren. Er wendete sich nun an den Irren und frug ihn, ob er schon einen neuen Plan ersonnen habe, um Papier zu säen und Gold zu ernten. Die Antwort war bejahend. Der Geisteskranke versicherte, er habe den Schlüssel zur Pforte, die in das Goldland der Glücksgöttin führe, nach angestrengtem Suchen endlich doch gefunden. Dieser kostbare Fund habe ihm wieder einen Orden von einem überseeischen Serenissimus eingetragen. Dabei nestelte er feierlich einen papierenen Orden von seinem Wams los, drückte diesen ehrfurchtsvoll an seine Lippen und sein Rücken nahm nun eine solch' unterthänige Krümmung an, daß man schier vermeinte, er wolle dem überseeischen Serenissimus seine überschwängliche Kriecherei veranschaulichen.

Der Graf bezeichnete ihn mit verächtlicher Geberde als den obligaten Speichellecker der Mächtigen. Dieser Schlag Menschen, behauptete er, sei nach Darwin ein schlagender Beweis der Accommodationsfähigkeit lebender Organismen. Dann wendete er sich wieder an den Irren mit der Aufforderung, ihnen seinen genialen Plan, um die rollende Kugel der launischen Glücksgöttin festzuhalten, mitzutheilen. Der Patient war gleich bereit diesen Wunsch zu erfüllen und begann in der weitschweifigsten Weise seinen Finanzplan zu entrollen.

Er habe den genialen Gedanken, durch eine Drahtseilbahn in den Mond zu gelangen, um hier die Goldbergwerke und die Diamantenfelder auszubeuten, theilte er dem Grafen mit. Um nun dieses großartige Project durchzuführen, müsse er zuvor einige glänzende Namen an die Spitze seines Unternehmens stellen, und durch einige gefällige Zeitungsschreiber sein Programm als überaus günstig anpreisen lassen. Schon beim Beginn wolle er trachten, aus der Rechnung der Einrichtungsspesen den möglichst hohen Nutzen zu ziehen, und bei jeder Wahl werde er durch bezahlte Strohmänner sich die Stimmenmehrheit zu sichern wissen. Für Geld und gute Worte werde er auch eine freundliche Bank finden, welche bei seinen Papierembryos Pathenstelle vertreten und diese noch vor der Geburt im Thronsaale Fortunas einführen und cursfähig machen würde. Wenn diese also lancirt wären, könnte er sie mit einem fabelhaft hohen Agio in die Welt schicken. Natürlich würde er dann den Gewinn einstecken und für sich die Präsidentenstelle reserviren, seine Freunde jedoch zu Verwaltungsräthen machen, um das Institut, das er geschaffen, nach Belieben zu Grunde richten zu können. Dabei kicherte der Irre und rieb sich vergnügt die Hände und machte seltsame Bockssprünge, um seine Freude zu bezeigen, und fuhr immer fort seinen Plan zu entwickeln. Wenn er die Cassen mit Hilfe seiner Freunde geleert habe, sprach er weiter, wolle er den Köder einer Superdividende auswerfen und dann durch einen Cartelvertrag mit einem unter anderem Namen ebenfalls von ihm gegründeten Institute die dummen Actionäre wieder vertrauensselig machen. Unter der Vorspiegelung, das junge Unternehmen werde an dem maßlosen Gewinnste der Mutteranstalt participiren, könnte man sich auch leicht das Bezugsrecht des jungen bezahlen lassen. Sodann beginne er die Effecten seiner Schöpfung durch Scheinverkäufe zu contreminiren und schraube sie nach erfolgter Baisse durch lebhafte Nachfrage in die Höhe.

Es ist selbstverständlich, daß Zerline kein Sterbenswörtlein von diesen genialen Finanzoperationen begriff, ebenso wenig verstand sie die Behauptung des Grafen, daß dieses erhaltene Maß von Intelligenz bei Verrückten erstaunlich sei. Dies, meinte er dann, sollte nur unter der Annahme verständlich sein, daß wahrscheinlich ein geregelter Ablauf im logischen Apparate des Vorderhirns eine minder intensive Arbeitskraft erfordere, als die Ausübung der Hemmungsacte. Dies wäre die Erklärung eines mächtigen Fürsten auf dem Gebiete der modernen Psychiatrie.

Plötzlich wurde der Graf von einem Manne am Arm gefaßt und freundlich begrüßt. Als Professor und als ein leuchtender Stern am Firmamente des Wissens stellte der Graf diesen Zerlinen vor und frug sodann den Patienten, ob es ihm schon gelungen sei das Problem zu lösen.

»Mein Werk ist vollendet, das Problem ist gelöst und vor dem unerbittlichen Feinde der Zoobionten ist fortan eine unübersteigliche Schranke errichtet,« versicherte der Professor mit wichtiger Miene. »Die Zerstörungswuth der grausamen Natur wird endlich lahmgelegt werden und ihre widersinnigen Anstrengungen, ihre herrlichsten Werke zu vernichten, werden sich an meiner Combination machtlos brechen. Der Mensch wird nicht mehr der Sclave seines Blutes sein, er wird mit starker Hand das Steuer seines Lebensschiffes regieren, er wird ebenso der Windstille wie der sturmgepeitschten rothen Wogen spotten. Der Puls darf nicht mehr der Zeiger der Lebensuhr sein, der Schädel nicht die Gedankenhilfe, die Nase nicht der Lungenschornstein, das Herz nicht das Blutreservoir und der Magen nicht der Heizungsapparat. Auch alle vegetativen und animalen Apparate werden durch meine Combinationen ihrer Functionen enthoben. Hier in dieser wundersam combinirten und aus reinem Protoplasma construirten Form, hier ruht das Geheimniß des Aufhörens der Endlichkeit der Bionten,« und bei diesen Worten zog er eine kleine Thonfigur hervor und zeigte sie dem Grafen und Zerlinen.

»Weshalb nennen Sie die Natur grausam?« rief jetzt ein Irrer, der dem Vortrage des Professors aufmerksam zugehört hatte. »Warum der Natur Vorwürfe machen? Wenn sie ihre mit Sorgfalt herangebildeten Werke zerstört, so muß sie dies thun, denn dies geschieht ja nach einem ewigen Gesetze und sie thut es nur mit zerrissenem Herzen.«

Der Professor maß den Vertheidiger der zerstörungssüchtigen Natur mit zornigen Blicken und erwiederte in sichtlicher Aufregung, die Natur sei grausam und lieblos, die Natur setze das Wesen in die Welt, ohne sich um sein Fortkommen zu kümmern, sie sei eine Rabenmutter, liebe ihre Kinder nicht mit gleicher Liebe, denn sie lasse diejenigen Wesen, die ihrer Auswahl nicht zusagten, erbarmungslos verkommen und verkümmern. Er allein liebe die Menschheit wahrhaft und deshalb werde er diese vor Tod und Verwesung bewahren.

»Du willst also der Menschheit die Unsterblichkeit sichern und dadurch mein Reich entvölkern,« schrie der zweite Irre mit zornblitzenden Augen. »Meinst du, daß ich, der Tod, dies gutwillig dulden werde?«

»Nein, nein, das darf er nicht thun, das wird der Herr Director nicht erlauben,« beschwichtigte ein Wärter den Aufgeregten.

»Dies werde ich zum Heil der Menschheit thun, trotz des Widerstandes ihres erbitterten Feindes,« versicherte der Professor würdevoll und kehrte seinem Gegner den Rücken.

Der Graf führte nun Zerline weiter und bemerkte lächelnd, der Mensch sei doch ein eigenthümliches Wesen mit seiner barocken Einbildung, daß er der bevorzugte aller Bionten und als vollendetes Meisterwerk aus der Künstlerhand der Natur hervorgegangen sei. Der kleinste Wurm wäre ja in seiner Art ein ähnliches Wunderwerk wie die menschliche Maschine. Ohne den complicirten Bau desselben verrichte sein Organismus alle Functionen, welche zu seiner Erhaltung und Fortpflanzung bedingt sind. Der einzig unbestreitbare Vorzug des Menschen wäre der göttliche Funke, die Geisteskraft. Wie oft aber entsage der Mensch diesem Erstgeburtsrechte um ein Geringeres noch als ein Linsengericht.

Zerlinens Geduld war nun erschöpft. Sie hatte sich die Füßchen wundgelaufen und hatte doch nichts Interessant-Verrücktes gesehen. Die schwulstigen, unverständlichen Reden überschnappter Gelehrten, der Schwindelplan eines beutesüchtigen Geldmannes und die Vernachlässigung eines gefühllosen Asketen waren doch weder belehrend noch amüsant. Und doch soll eine ihrer Rivalinnen in der Residenz den Genius der tragischen Kunst im Irrenhause gesucht und auch gefunden haben. Auch sie wollte daselbst etwas apart Verrücktes sehen und gab zuletzt diesem Wunsche ohne Hehl Ausdruck. Der Graf schien darüber nicht wenig befremdet und schüttelte den Kopf. Er meinte, die Patienten wären doch für den Arzt sehr interessant. Sie wähnten sich Millionäre, Könige, Götter, Propheten, die unglücklicher Weise gezwungen wären, ihrer höheren Macht zu entsagen und die nach vielen Plagen des Verfolgungswahnes es erst erreicht, sich auf dieses Piedestal der Narrheit zu stellen. Er begann nun die physiologische Ursache eines Phänomens, welches die Laien so sehr in Erstaunen setzte, vom wissenschaftlichen Standpunkte aus zu beleuchten, er hielt wieder einen Vortrag aus der psychiatrischen Pathologie über Hysterie, Epilepsie, Hypochondrie und all' den daraus hervorgegangenen Formen des Irrsinns in so breitspuriger und confuser Weise, daß Zerlinen darob schier Hören und Sehen verging. Wie eine Erlösung erschien es ihr, als ein Wärter ihnen Einlaß in einen neuen Saal gewährte. Hier gewahrte sie Schattengestalten, die lautlos dasaßen und düster vor sich hinstarrten. Der Graf befragte einen dieser Bedauernswerthen, einen noch jungen Mann, um sein Befinden. Der Irre beklagte sich nun mit thränenden Augen über seinen verzweifelten Zustand. Im Hirn habe sich bei ihm ein Tumor ausgebildet, die obere Spitze des rechten Lungenlappens sei mit Tuberkeln bedeckt, dazu komme noch, daß die linke Herzklappe nicht mehr schließe und die Verdauungsorgane zu functioniren aufgehört hätten. Jeder dieser Krankheitsprocesse bedinge doch einen letalen Ausgang und deshalb sei auch schon bei ihm der Collapsus eingetreten. Als der Graf ihn zu beruhigen versuchte, riß er sein Wams auf, entblößte seine Brust und rief schluchzend, daß durch das Glasfenster an seiner Brust der Einblick in die Verwüstungen, welche die Krankheitsprocesse angerichtet, ermöglicht sei. Der Graf erzählte nun Zerlinen, daß der Unglückliche ein Arzt sei, der kurze Zeit nach seiner Promotion in diesen traurigen Zustand verfallen wäre. Er fügte zum Schlusse bei, dies wären die Accidentien des Arztes, das Bewußtsein der steten Gefahren, die der menschlichen Maschine drohen, und die Erkenntniß, daß von der vehementen Bewegung oder von der Stagnation einiger Bluttropfen der Mechanismus des Seins oder Nichtseins abhänge.

»Trostlose Zeiten, trostlose Zustände!« schrie jetzt ein Irrer, auf den Grafen zuschreitend. Und als der Graf ihn frug, was ihm eigentlich so trostlos vorkomme, begann der Irre sein Klagelied. Alles jage jetzt dem leichten, mühelosen Gelderwerbe nach, der Tempel der Kunst und des Wissens werde immer öder und verlassener und wenn Kunst und Wissen sich jetzt nicht in das bunte Kleid eines Marktschreiers hüllten, müßten sie im Kampfe um's Dasein erliegen. Man fasle von Gerechtigkeit, Anerkennung und Humanität. Dies wären nur schönklingende Phrasen. Wo sei da die Gerechtigkeit, wenn die Protection mächtiger Gönner die Koryphäen des Wissens schaffe, wo die Anerkennung, wenn das Verdienst sich zum Fußschemel von Emporkömmlingen erniedrigen müsse, wo die Humanität, wenn die Gaben nur ostentativ gespendet würden, um ein Bändchen im Knopfloch zu erhaschen. Werde er nicht selbst um seines Wissens willen tückisch verfolgt? Suchten ihn nicht die Schergen der Tyrannei in Geistesfesseln zu schmieden?

Der Graf bezeichnete den Zustand des Patienten als Verfolgungswahn und machte dann Zerline auf einen Greis aufmerksam, der jammernd und händeringend sein geraubtes Geld zurückverlangte. Der Irre war ein reicher Mann gewesen, der sein Vermögen durch den gräßlichsten Geiz gesammelt hatte. Der Mammon war sein süßester Genuß, sein Alles gewesen. Er verbarg ihn sorglich vor jedem Menschenauge. So gut verbarg er sein geliebtes Gold, daß er nach einer Krankheit, die ihm das Gedächtniß raubte, das Versteck nicht mehr zu finden wußte. Die Verzweiflung raubte ihm den Verstand.

Zerline begann nun aus der Apathie zu erwachen. Die Verrücktheit, die sie jetzt wahrnahm, war interessant und ihrem Begriffsvermögen zugänglich. Die fleischlosen Jammergestalten näherten sich den Vorstellungen, die sie sich vom Wahnsinne gemacht hatte. Da hörte sie jammern, schluchzen, sie sah Thränen, die ein eingebildeter Schmerz erpreßte. Dies war der Wahnsinn, den sie künstlerisch darstellen wollte. Es wurde immer interessanter. Jetzt verlangte gar ein Irrer mit flehender Geberde ihre Geldbörse, und als sie sein Verlangen erfüllte, da betrachtete er prüfend jedes Geldstück von allen Seiten und murmelte dann traurig: »Patriciermünzen, nur Patriciermünzen.« Zuletzt gab er ihr die Börse wieder und entfernte sich mit gesenktem Haupte. Der Graf erzählte ihr nun, daß der Patient ein leidenschaftlicher Numismatograph gewesen sei. Eines Tages wäre er von der Wahnidee befallen worden, er müsse in den Besitz jener Münze gelangen, welche – nach einer Mythe – Zeus jedem Sterblichen bei seiner Geburt vom Olymp hinabwerfe. Diese gespendete Münze soll nun nach der Wahnidee des Irren, wenn sie auf das Wappen gefallen sei, einem Plebejer, wenn sie auf den Kopf gefallen sei, einem Patricier gespendet sein. Der Arme suchte nun als Plebejer seine vom Sturz aus dem Olymp an dem Wappen beschädigte Münze, fand aber nach seiner Versicherung nur Patriciermünzen.

Der Graf führte sie nun in ein anderes Gemach, in welchem Zerline einige Männer in steifer Haltung, mit Brillen auf der Nase, in eifrigem Disput um einen Tisch herum sitzen sah. Zerline fragte ihren Führer, ob da wohl ein ärztliches Concilium abgehalten werde. Der Graf bejahte dieses lächelnd und belehrte sie dann, diese Geisteskranken wähnten sich Sanitätsräthe eines kranken Staatskörpers und mühten sich ab, dem Patienten, der an einem Neugebilde laboriren sollte, Hilfe zu bringen. Komisch genug wären die Heilmethoden, die da versucht werden sollten. Durch die widersinnigsten Versuche, durch eine Palliativcur wollten sie das Krebsgeschwür exstirpiren. Auf alle erdenkliche Weise zermarterten sich diese gelehrten Köpfe das Hirn und keiner fand den Muth, die Schneckenlinie der alten Therapie zu verlassen. Solch' verzopfte Sanitätsräthe, meinte der Graf, curiren mit ihren lächerlichen und gefährlichen Experimenten nicht selten ihren Patienten zu Tode, wenn dessen robuste Natur ihm nicht von selbst durchhelfe. Als sie einen zweiten Saal betraten, gewahrte Zerline Geisteskranke, die singend oder weinend auf Lehnstühlen saßen, während andere in toller Lustigkeit herumsprangen. Das Bild des Wahnsinns wurde immer ergreifender, düsterer und schauerlicher. Für Zerline ward es immer interessanter, spannender und, wie sie sich einbildete, für die Kunst nutzbringend.

Jetzt bezeichnete ihr der Graf einen Greis, dessen Wehgeschrei den Raum durchzitterte. Zerline erfuhr nun, daß der Arme drei blühende Söhne im Kriege verloren und aus Schmerz hierüber irrsinnig geworden sei. Nun folgten vom Grafen bittere Betrachtungen über die Kriegsfurie. Wie die Gewalthaber es gar nicht berechnen wollten, welches Elend sie durch die Kriege über die Völker herabbeschwören, wie zu Gunsten Einzelner der Wohlstand und das Familienglück Tausender vernichtet würde und wie in unserer Zeit, welcher man Fortschritt und Humanität nachrühme, die Kriege an Barbarei und Zerstörungswuth die Gräuel der alten Zeit übertreffen. Dies Alles fand an Zerline keine sehr aufmerksame und theilnehmende Zuhörerin. Sie konnte es keinem Machthaber verargen, wenn er die Zahl seiner Untergebenen zu vergrößen suchte. Eroberungsgelüste waren bei ihr, der allmächtigen Männerbezwingerin, keineswegs verdammlich, wohl aber der Widerstand der zu Unterjochenden. Alle Mittel waren dann erlaubt, um den Sieg zu erringen. Nun führte sie der Graf zu den Isolirzellen der Tobsüchtigen. Ein Wärter schloß die Thüre einer Zelle auf und der Graf lud Zerlinen zum Eintritt in dieselbe ein. Die Tragödin wurde bleich und prallte erschreckt zurück. Aus der Zelle ertönte ein wildes Geheul, und bald antworteten Stimmen, die keinen menschlichen Klang mehr hatten, im schauerlichen Chor aus den benachbarten Zellen.

Der Graf blickte die Erschreckte befremdet an und meinte dann, ihr fehle der dem Arzte nöthige Stoicismus. Nun möchte er sie am Cadaver mit dem Secirmesser manipuliren sehen. Er lud sie ein, ihm in die Leichenhalle zu folgen und sich daselbst ein beliebiges Object zu wählen. Kalter Schweiß bedeckte die Stirne Zerlinens. Diese Zumuthung machte ihr das Blut erstarren. Sie sollte eine Leiche anatomisch zerlegen und in deren Innerem herumwühlen. Lebende verstand sie wohl meisterhaft in Atome zu zerlegen, im Herzen ihrer Rivalinnen wußte sie geschickt mit dem Scalpell der Bosheit herumzuwühlen. Aber Leichen zerstücken, welch' ungeheuerliches Verlangen! Schon wollte sie ihrem empörten Gefühl Worte leihen, als sie sich noch rechtzeitig ihrer entlehnten Würde als Fräulein Doctor erinnerte. Jetzt wollte sie sich der Leitung ihres Führers unter dem ersten besten Vorwande entziehen, als sie plötzlich ihr Vorhaben aufgab. Der Graf erzählte ihr nämlich, daß er ihr in der Residenz bei ihren wissenschaftlichen Studien nützlich werden könne. Sein Vater bekleide eine hohe Stellung bei Hofe und dessen Haus sei der Sammelplatz aller hervorragenden Vertreter der Kunst und des Wissens. Durch diese Mittheilung gewann der Graf eine nicht geringe Bedeutung in ihren Augen. Sie mußte doch trachten, die Zahl ihrer Gönner in der Residenz zu vergrößern. Dies umsomehr, weil der Director des Hoftheaters ein starrnackiger Pedant war, der wohl den körperlichen Reizen der Kunstjüngerinnen Gerechtigkeit widerfahren ließ, solche aber als Ersatz für künstlerische Leistungen nicht gelten lassen wollte. Den Grafen mußte sie also gewinnen, um sich durch seine Fürsprache den Schutz seines mächtigen Vaters zu sichern. Der Plan hiefür war von Zerline in einem Nu entworfen und ohne Zögern schritt sie zu dessen Ausführung. Sie betrachtete nun aufmerksam den Grafen. Er war kein übler Mann. Sie wunderte sich, daß sie dies so lange übersehen hatte. Der Drang des Wissens, die Liebe zu ihrer Kunst hatten dies schier Unglaubliche bewirkt. Sie überblickte nun den Raum, in welchem sie sich befanden. Es war dies ein öder, endlos langer Corridor. Vor Störung war man da sicher. Nun begann die kundige Männerbezwingerin alle Brandraketen aus ihrem Arsenal gegen ihr argloses Opfer loszufeuern. Mörderische Blicke, süßes Lächeln, sanfte Händedrücke, berauschende stumme Verheißungen bombardirten das leicht entzündliche Herz des armen Grafen. Was Wunder also, daß der Ueberfallene der unvermutheten Attaque nicht zu widerstehen vermochte. Als noch zuletzt die geübte Strategin einen ihrer harmonischen, reizenden kleinen Schreie wie ersterbend hinhauchte und von einem plötzlichen Schwindel befallen einen Stützpunkt suchte und diesen Stützpunkt in den Armen des Grafen fand, da stimmte sie schon innerlich eine Siegeshymne an. Einige Augenblicke spielte sie die Bewußtlose, dann zeigte sie durch einen melodiösen Seufzer die Wiedererstarkung ihrer Nerven an. Ein süßer Blick und ein zarter Händedruck belohnten den Retter in der Noth. Da riß sich dieser plötzlich von ihr los und starrte sie mit unheimlich funkelnden Augen an.

»Nur einmal durfte mich ein Weib betrügen,« murmelte er und fuhr sich zu wiederholten Malen mit der Hand über die Stirn. Nach wenigen

Augenblicken errang er seine Fassung wieder und zeigte ihr in höflichem, kaltem Tone an, daß der Rundgang in der Herrenabtheilung zu Ende sei. Die Räume, welche die weiblichen Irren bewohnten, durfte er nicht betreten. Aergerlich und gedemüthigt hörte Zerline kaum, wie er ihr die Oberwärterin, welche nun das Führeramt übernehmen sollte, als eine alte Klatschbase schilderte, die sich einbilde ärztliches Wissen zu besitzen und die alle bei Fachmännern gebräuchlichen Ausdrücke bis zur Unkenntlichkeit verstümmle. Als nun auf sein Pochen die Oberwärterin die Thüre, welche zur Frauenabtheilung führte, von innen öffnete, empfahl er ihr eindringlich die Wissbegierde eines weiblichen Arztes zu befriedigen, ohne jedoch die verstümmelten Mißgeburten ihrer Arzneikunde an's Tageslicht zu fördern. Die Oberwärterin warf ihm einen Blick zu, der gekränktes Ehrgefühl, selbstbewußte Würde und auch ein klein wenig Geringschätzung ausdrückte und schloß hinter ihm die Thüre.

Margarethe, die Oberwärterin, ein wohlbeleibtes Weib mit gutmüthigem Gesichte, stellte sich dem Fräulein Doctor als gehorsame Dienerin zur Verfügung. Sie versicherte, vor Freude bis in den Himmel zu wachsen, wenn sie eine Frau als gestudirten Doctor leibhaft vor sich sehe. Die aufgeblasenen Mannsbilder trügen die Nase gar so hoch. Nun wäre aber die gesegnete Zeit gekommen, wo sie einsehen müßten, daß das Weib ebenso gescheit wäre wie diese Herren Allesmir. Auch die alte Margarethe wäre ein Doctor geworden, sie hätte das Zeug dazu, aber man habe sie leider nicht gestudiren lassen.

Zerline schenkte diesen Worten nur geringe Aufmerksamkeit. Ihren Aerger über die zweifache Niederlage, die sie in der Anstalt erlitten, die Vernachlässigung des Priesters und der Widerstand des Grafen, vermochte sie nicht so bald zu unterdrücken. Zuletzt tröstete sie sich aber mit dem Gedanken, daß der Graf früher oder später zu ihren Füßen liegen müsse. Welch' starre Felsenherzen waren vom Glutblicke ihres Feuerauges zu weichem Wachs geworden, und dieses Gräflein sollte ihr widerstehen? Unbezwingbar war er nicht, dafür hatte sie Beweise. Wenn er sie nur erst als die gefeierte Zerline in ihrem reizenden Boudoir sehen würde, dann –. Diese Siegesgewißheit verscheuchte bald die Wolken des Mißmuthes von ihrer schönen Stirne. Sie wendete nun ihre Aufmerksamkeit der redseligen Oberwärterin zu. Bald begann sie sich in deren Gesellschaft wohl und behaglich zu fühlen. Mit Margarethe durfte sie ohne Furcht, aus der Rolle des Fräulein Doctor zu fallen und ihre Unwissenheit zu demaskiren, nach Herzenslust reden, wie sie es verstand. Sie war nun frei und ungezwungen. Der erste Gebrauch, den sie von dieser köstlichen Errungenschaft machte, war selbstverständlich um eingehende Erkundigungen über den widerspänstigen Grafen einzuholen. Die Auskunft, die ihr ward, brachte sie einer wirklichen Ohnmacht nahe. Der Graf sei ein Patient der Anstalt, berichtete Margarethe. Durch eine Komödiantin, die er zu seiner Gräfin erhoben, grausam hintergangen, sei er aus Gram irrsinnig geworden. In einem Wuthanfalle habe er die Ehebrecherin ermordet. Man fand ihn im Herzen der Todten herumwühlend, um da zu erforschen, ob die Liebe, die sie ihm geheuchelt, wirklich nur Lug und Trug gewesen sei. Für jetzt sei er harmlos, nur das schreckliche Gelüste, in Leichen herumzuwühlen, sei bei ihm nicht auszurotten. Immer sei er in der Leichenkammer zu finden, allerlei gelehrten Krimskrams führe er im Munde und seine wunderlichste Einbildung sei, nur er verstehe die Arzneikunde und nur er wäre der Obergott aller Doctoren.

Zerline war, wie schon erwähnt, einer wahren und wirklichen Ohnmacht nahe. Ihr Riechfläschchen und ein Glas kaltes Wasser, welches Margarethe, durch ihre Blässe erschreckt, eiligst herbeischaffte, machten erst ihre Lebensgeister wieder erstarken. Entsetzlich, einen Geisteskranken hatte man ihr zum Führer in der Behausung des Schreckens gegeben. Jetzt erst ward ihr das sonderbare Reden und das seltsame Benehmen des verrückten Grafen erklärlich. Ihr Zorn kehrte sich nun gegen den Oberwärter, der sie aus purer Bosheit dieser Gefahr preisgegeben hatte. Margarethe gab sich alle Mühe, die Aufgeregte zu beruhigen. Sie versicherte, daß in allen Irrenanstalten Kranke, welche alle äußeren Zeichen der Verrücktheit abgelegt haben, zu Diensten aller Art, ja sogar zur Pflege anderer Kranken verwendet würden. Die letzte Versicherung rief einen neuen Schreck bei der Geängstigten hervor. Wie leicht war es möglich, daß Margarethe zu diesen verrückten Pflegern zählte. Die Angst prägte sich so leserlich auf dem Antlitz Zerlinens aus, daß Margarethe sofort den Verdacht errieth. Die gute Oberwärterin suchte die Furchtsame durch alle erdenklichen Beweisgründe von ihrer Zurechnungsfähigkeit zu überzeugen. Nach vieler Mühe gelang ihr dies endlich, und Zerline vertraute sich ihrer Leitung an. Margarethe begab sich nun mit ihr in den Conversationssaal der zweiten Classe. Hier saßen Frauen verschiedenen Alters, mit Lectüre, Handarbeit und auch mit Musik beschäftigt. Nach der Versicherung der Oberwärterin verbrachte die Mehrzahl dieser armen Irren ihre Zeit in der Anstalt viel angenehmer und nützlicher, als sie es je in ihrem Heim gethan. »Mein Herzchen, wie weit bist du mit der Arbeit?« frug Margarethe ein junges Mädchen, welches mit Charpiezupfen beschäftigt war, worauf die Irre in klagendem Tone den Namen Egon murmelte. Margarethe erzählte nun Zerlinen, wie dies das einzige Wort sei, das ein Menschenkind von dem kranken Lamm zu hören bekomme, es sei dies der Name des Gewissenlosen, der das arme Kind in's Unglück gestürzt habe. Nun bezeichnete sie ein altes Weib als vom Wahne ergriffen, in jeder Speise Nadeln zu finden, eine zweite Kranke bilde sich ein, man wolle sie vergiften, und nur mit Mühe gelinge es, den armen Närrinnen Nahrung einzutrichtern. In ein Nebengemach tretend erklärte die redselige Oberwärterin, auf eine Patientin weisend, sie leide an »Halunkationen«, dieses junge Herzchen sei ein »Migroköpsalus«, ein Ohnehirn, und der wandelnde Flaschenkürbis, der heranrolle, sei eine Komödiantin. Diese Lärmtrommel würde sich schon allein präsentiren. Ihr Mundwerk gehe wie auf Rädern, die Thränenpumpe sei in ewiger Bewegung, Ach und Weh habe sie schockweise und Alles sei Lug und Trug. Sie, Margarethe, habe eine Wuth gegen diese Komödiantenweibsbilder, die halbnackt und mit Flitter behängt sich von den Mannsbildern begaffen lassen. Ihr Ferdi wolle ihr wohl einbilden, diese Komödiantenweiber seien nicht so schrecklich, aber sie wisse wohl, wie viel die Glocke geschlagen habe.

Zerline überhörte die schmeichelhaften Worte, welche Margarethe ihren Berufsgenossinnen spendete, ihre Aufmerksamkeit war jetzt einer Person gewidmet, die, mit verblaßten Theaterflittern aufgeputzt, das aufgedunsene Gesicht mit einer dicken Schminkenschichte überstrichen, auf sie zuwackelte und in Thränen zerfließend sich zu ihren Füßen warf.

»Sie gehören sicherlich nicht zu den Barbaren, die sich an den Zuckungen des menschlichen Herzens ergötzen,« rief die Irre die Hände ringend. »Sie werden mich retten, mich, das unglückliche Opfer der schändlichsten Cabale, Sie werden meine Wehschreie, die in diesen schrecklichen Mauern ungehört verhallen, zu den Ohren der Gerechtigkeit bringen und mich vor Wahnsinn oder Selbstmord bewahren. Ja, vor Wahnsinn und Selbstmord, denn ich bin auf dem Wege, der dahin führt. Belehren Sie die Gerechtigkeit, daß meine herzlosen Kinder mich aus schnöder Geldgier hier gefangen halten.« Dies und Aehnliches brachte sie schluchzend hervor, ihren Augen entstürzten bittere Thränen, ihr Körper bebte unter der Wucht erdrückender Gefühle und es war sichtbar, daß die Gebilde ihres kranken Geistes ihr herben Schmerz bereiteten. Die Gebilde ihres kranken Geistes – denn Margarethe versicherte Zerlinen, daß die verlogene Komödiantin kein wahres Wort rede, sie habe ebensowenig Kinder geboren, wie die Fahrstraße ein Blumengarten sei. Sie nehme sich Komödiantengewinsel nie zu Herzen, denn sie wisse, was dies werth sei. Die Oberwärterin führte dann den gestudirten weiblichen Doctor durch viele Räume, erzählte die Krankengeschichten der Irren mit ermüdender Weitschweifigkeit und ließ keine Gelegenheit unbenützt, um fremde Worte durch komische Verrenkungen entstellt anzubringen. In einem Corridor angelangt bemerkte sie, hier wären die Wohnzimmer für die Kranken der ersten Classe. Die Reichen hätten krank oder gesund, lebend oder todt, immer das Beste auf dieser Welt. Der Pater Josefus versichere wohl, dem Armen gehöre das Himmelreich; darauf gebe aber der Bäcker kein Brod. Sie nahm eine Prise und schlug den Deckel der Tabaksdose heftig zu. In Nr. 85 wohne eine Gräfin, ein Kobold an Bosheit, berichtete sie dann weiter. Eine Zunge habe die wie ein scharfgeschliffenes Messer. Seitdem sie in die Anstalt gekommen, sei Alles aus Rand und Band. Sie sei von einer Wuth besessen, Vereine zu schaffen und Vorträge zu halten, und habe mit ihrer Tollheit viele kranke Lämmer in reißende Wölfe verwandelt. Da würden beständig Sitzungen abgehalten, bei denen die Gräfin als Präsidentin das große Wort führe, da werde ein gelehrter Krimskrams zusammengedroschen, daß Einem der Kopf summe und brumme. Der Präsidentin stehe eine Partei feindlich gegenüber, an deren Spitze sich eine Sozinalkroatin befinde, eine schreckliche Person, die just Alles von oberst zu unterst kehren wolle, um gefrorenes Feuer und brennendes Eis zu haben. Sie, Margarethe, habe gegen die Sozinalkroatinnen eine ähnliche Wuth wie gegen die Komödiantinnen. Diese Weibsbilder verlangen, es sollte alles Mein und Dein aufhören. Wenn es nach dem Sinn dieser Tollen ginge, so hätte jede einen Theil an ihrem Ferdi. Auch einige Emanzipandlerinnen wären bei diesen Sitzungen und hätten nicht die wenigsten Raupen im Hirn. Nicht daß sie, Margarethe, gegen das Emanzipandeln einzuwenden hätte, im Gegentheil, sie wäre stets bereit das Recht der Frauen mit Mund und Faust gegen die Mannsbilder zu vertheidigen. Aber was zu viel, sei zu viel. Der Himmelvater sei an dem Unrecht, daß die Mannsbilder Alles an sich gerissen haben, unschuldig wie ein neugeborenes Kindlein und deshalb dürfe ihm kein Haar gekrümmt werden. Wenn das Weib dem Herrn Obenaus beweisen wolle, daß es ebenso viel Verstand zum Gestudiren habe wie sie, das lasse sie sich gefallen, aber den Herrgott aus dem Himmel und den Gottseibeiuns aus der Hölle dürfe das Weib nicht vertreiben. Es sei eine Sünde an alle die Gottlosigkeiten des ruchlosen Tarfin zu glauben. Haarsträubende Dinge habe eine Emanzipandlerin bei der letzten Sitzung von diesem Tollen erzählt. Er verstehe alle lebenden, kranken und todten Menschensprachen und auch die Sprache vom lieben Vieh. Durch das liebe Vieh habe er nun erfahren, daß unsere Großeltern wahre und wirkliche Affen gewesen wären. Margarethe sei fast vom Schlag getroffen worden, so niederschmetternd habe diese Schreckenskunde auf sie gewirkt, denn die Tolle wisse ihren Unsinn so vernünftig vorzutragen, daß man schier meine, es spreche der Herr Director zu den Gestudirten. Sie waren jetzt an der Thüre eines Saales, aus welchem ihnen lautes Reden entgegen tönte, angelangt.

»Schon wieder eine Sitzung,« knurrte die Oberwärterin und öffnete die Thüre. In der Mitte des Saales saß vor einem mit Papieren bedeckten Tische eine großgewachsene Frau mit schwarzen, funkelnden Augen und mit einem unzarten Anflug um die rothen, fleischigen Lippen. Ihr zur Seite gewahrte Zerline eine welke Gestalt mit wasserblauen Augen und flachsblonden Schmachtlocken. Laut schwatzend und gesticulirend saßen Frauen in verschiedenen Gruppen. Kraus und bunt schwirrten die Stimmen durcheinand und machten es unmöglich, die Worte, die Margarethe an die Vorsitzende richtete, zu vernehmen. Das Glockenzeichen der Präsidentin machte erst Alle verstummen. Die Oberwärterin erbat nun für einen gestudirten weiblichen Arzt die Erlaubniß, der Sitzung beiwohnen zu dürfen. Dies Ersuchen wurde von der Vorsitzenden erst nach langem Bedenken und mit nicht sehr freundlicher Miene gewährt. Margarethe schob nun für Zerline einen Sessel nahe dem Ausgange zu und begann ihr die Mitglieder der Sitzung zu bezeichnen. Die Gruppe zur Rechten waren die Vereinsnärrinnen, die treuen Anhängerinnen der Präsidentin, die Gruppe zur Linken die Sozinalkroatinnen, die in der Mitte die Emanzipandlerinnen. Die schattenhafte Gestalt neben der Präsidentin bezeichnete Margarethe als Fräulein Rosalinde Zimperling, eine alte, versauerte und vertrauerte Jungfer, voll Falschheit, Bosheit, Tücke, Neid, Schwatzhaftigkeit, Gefallsucht und Putzsucht. Sie häufe allen möglichen Spott und die bitterste Verunglimpfung mit Schrift und Wort auf die Emanzipandlerinnen, versicherte die Oberwärterin und zweifelte auch nicht, daß Zerline bald erstaunen werde, wie solch ein mageres Gefäß so viel Gift enthalten könne.

»Fahren Sie in Ihrem Vortrage fort, Fräulein Nani,« rief jetzt die Vorsitzende mit einer Stimme, die alle Fensterscheiben klirren machte.

Ein junges, schönes Mädchen zur mittleren Gruppe gehörend, erhob sich und begann mit wohlklingender Stimme:

»Meine freundlichen Zuhörer! Ich will Ihnen nun klar darthun, daß alle diese Sophismen nur dazu dienen, um den menschlichen Geist *ad absurdum* zu führen. *Cogito, ergo sum!* Welcher Unsinn! Ich esse, trinke und bewege mich, ist viel richtiger gesagt, denn dieser Beweis ist jedenfalls viel sicherer geliefert durch den Hinweis auf Dinge, die der realen Welt entstammen und unseren Sinneswahrnehmungen zugänglich sind, als durch den auf das Denken, der Mutter der Phantasie, die selbst ein Trugbild uns nur Trugbilder vorgaukelt. Möge der Mensch sich das Ebenbild des Weltgeistes nennen, möge er das Denken als ausschließliches Privilegium reclamiren und seinen Stolz dareinsetzen alleiniger Besitzer desselben zu sein, es ist für die Existenz keine *conditio sine qua non* und bleibt somit nur ein unwesentliches Attribut derselben. Wie traurig ist es überhaupt damit bestellt! Der Gedanke entsteht nicht in uns, wir können ihn nicht nach Willkür hervorzaubern oder bannen, er wird uns von außenher aufoctroyirt, beherrscht uns gegen unseren Willen, wir sind nicht sein Herr, sondern Sclave desselben, und darum bleibt es noch immer zweifelhaft, ob das Denken ein schönes, erhabenes Besitzthum, ob es die Quelle des Glückes und der Zufriedenheit, oder nicht vielmehr die alles Unheils und menschlichen Elends sei.« Hier machte die Sprecherin eine Pause und labte sich mit einem Schluck Wasser. Das Auditorium setzte alsbald die Sprachwerkzeuge in Bewegung, um sich für die bis nun auferlegte Enthaltsamkeit möglichst schadlos zu halten. Das Glockenzeichen und der Befehl, Fräulein Nani möge in ihrem Vortrage fortfahren, durch die gefürchtete Präsidentin gegeben, stellte sofort die Ruhe wieder her. Margarethe versicherte Zerlinen, Nani spreche gottvoll, aber wie sollte sie ihren Verstand nicht verloren haben, wenn solche grausliche heidnische Worte in ihrem armen Schädel spukten.

»Wie manche herbe Stunde, wie manche grausame Marter wäre uns erspart, wenn wir uns dieses geistigen Joches entledigen könnten,« fuhr Nani in ihrem Vortrage fort. »Vergebens suchen wir unsere Gedanken zurechtzusetzen, oder ihnen eine uns beliebige Richtung zu geben. Der Impuls von außen ist gegeben, und keinem andern Gedanken Raum gebend, zuckt es wie Blitz auf Blitz in unserem Hirn und wieder und immer wieder wird der Gegenstand beleuchtet, den wir in Nacht und Dunkel begraben möchten.« Die letzten Worte sprach sie mit bebender Stimme, ihr Blick wurde trüb und umflort, dann preßte sie die Hände an die Brust und brach in krampfhaftes Schluchzen aus.

»Eine schöne Bescherung! Jetzt verfällt sie in ihren Praxismus,« knurrte die Oberwärterin und befahl einer ihrer Untergebenen die aufgeregte Kranke in ihre Wohnstube zu führen. Dann wendete sie sich an Zerline und belehrte sie, daß die arme Nani ihren jammervollen Zustand einem Mosje Ohneherz verdanke. Für die Herren Allesmir sei eine gestudirte Frau Zacherls Schabenpulver, deshalb habe der Mosje, dem sie ihr Herz zugewendet, der Armen eine Mamsel Ohnehirn vorgezogen.

»Die Närrin sollte nie zu einem Vortrage zugelassen werden,« eiferte die schmachtlockige Rosalinde. »Das Denken nennt sie ein geistiges Joch, die Quelle alles Elends. Gibt es ein schöneres, erhabeneres Recht für die Menschheit als das Denken? Der Gedanke ist nur dann verwerflich, wenn gewisse Personen ihn zu thörichten und verwerflichen Zwecken mißbrauchen.« Ein verächtlicher Blick wurde jetzt der mittleren Gruppe zugeschleudert.

Die Glocke der Präsidentin ertönte bald wieder. Es wurde Fräulein Rosalinden das Wort ertheilt.

»Na, da werden wir was Schönes zu hören bekommen,« flüsterte die Oberwärterin Zerlinen zu. »Dieses Reibeisen schindet immer die armen Emanzipandlerinnen bis auf's Blut.«

Rosalinde begann nun mit schriller, kreischender Stimme eine geharnischte Rede gegen die furchtbarste Geißel der Jetztzeit, gegen die streitwüthigen Amazonen loszudonnern. Sie versicherte, nichts sei diesen Zerrbildern, diesen Unnaturen heilig. Das Edelste, Erhabenste werde von ihnen begeifert, verspottet, verlästert und in den Koth gezogen. Alle weiblichen Tugenden würden von ihnen lächerlich gemacht, alles Ehrwürdige mit Füßen getreten. Sie reden der Schamlosigkeit, der Frechheit, der Gottlosigkeit das Wort und wollten das Frauengeschlecht demoralisiren und zur frechsten Verhöhnung der göttlichen und menschlichen Gesetze aufstacheln. Da nun das Gesetzbuch leider keine Strafe für diese Ruchlosigkeiten habe, da man diese Verbrecherinnen nicht, wie sie es verdienen, mit dem Schwerte des Rechtes ausrotte, da man ihnen nicht die verleumderischen Zungen ausreiße, die räuberischen Hände nicht abhaue und sie nicht wie giftige Schlangen zertrete; so erhalte sie, Rosalinde, ihre Behauptung aufrecht, daß man dieses schändliche Treiben nicht länger dulden dürfe. Mit Wort und Schrift müsse man gegen dies vielköpfige Ungeheuer kämpfen. Deshalb stelle sie den Antrag, daß alle ihre Mitschwestern, alle wahren Hüterinnen des Palladiums der Weiblichkeit, sich bei der Gründung ihres proponirten Blattes betheiligen sollten. Dies Blatt sollte »der Feuerbrand« heißen und dadurch, nur dadurch würde die verderbliche Hydra ausgerottet werden. Dies Blatt mit den dazugehörigen Illustrationen werde sie ihren Gesinnungsgenossinnen sofort zur Einsicht unterbreiten. Der hohe Zweck desselben sei, durch sprühenden Witz und niederschmetternde Beweiskraft allen Uebergriffen der weiblichen Demagogie zu steuern und sie mit der Knute der Lächerlichkeit in die angewiesenen Schranken zurückzujagen.

»Die maustolle Trude. Da werden wir etwas Apartes zu hören bekommen,« knurrte die Oberwärterin, den Deckel ihrer Tabaksdose heftig zuklappend. Zerline ihrerseits unterdrückte mühsam ihr Gähngelüst.

Inzwischen hatte Rosalinde ein Papier entrollt und begann den »Feuerbrand« gegen die weiblichen Unnaturen zu schleudern. Das erste Bild, erklärte sie, sei der emancipirte weibliche Arzt am Secirtische. Die ungraziöse Gestalt in halbmännlicher Kleidung, das kurzgeschorene Haar, die Cigarre im Munde, die Aermel aufgestreift, die blutbefleckte Hand mit dem Secirmesser bewaffnet, habe nichts Weibliches mehr an sich. In dem Blicke, den sie starr auf das bloßgelegte Herz eines weiblichen Cadavers gerichtet habe, male sich weder Scheu noch Gemüthsbewegung, der Blick drücke nur ein tiefes Erstaunen über eine entdeckte Abnormität aus, die sie bei allen Cadavern von emancipirten Frauen entdecke, die Abnormität sei, Atrophie des Herzens.

Die Oberwärterin machte ihrer Entrüstung durch einen neuen energischen Klaps auf den Deckel der Tabaksdose Luft und blickte dann erstaunt auf Zerline, die zu ihrer Bonbonnière Zuflucht genommen hatte, um das Gähngelüst zu bewältigen. Der gestudirte weibliche Doctor blieb ruhig bei den boshaften Ausfällen der mageren Giftblase. Margarethe konnte diese Gelassenheit nicht begreifen.

Jetzt erklärte Rosalinde das zweite Bild. Dies veranschaulichte den weiblichen Staatsanwalt, der in der jugendlichen Verbrecherin, die vor den Schranken des Gerichtes erscheint, die eigene Tochter erkennt. Bis auf diese Stufe der moralischen Verkommenheit war das Kind durch den Mangel an Aufsicht von Seite der emancipirten Mutter angelangt. Nun kam Rosalinde zum dritten Bild, welches die moderne Philosophin skizzirte. Diese saß vor einer verschwenderisch besetzten Tafel und hielt einen schäumenden Pocal in Händen. Das rothe, aufgedunsene Gesicht, der stiere Blick und die verschobenen Kleider zeigten von einer emancipirten Ausschreitung und der sinnliche Mund stammelte: »*Ede, bibe, lude, post mortem nulla voluptas.*« Das vierte und letzte Bild zeigte die Zukunftstheologin auf der Kanzel. Der Text ihrer Predigt war die Darwinsche Theorie und die freie Liebe. »Dies ist das trostreiche Zukunftsbild der weiblichen Demagogen, zu solchen Ausschreitungen wird sie ihr unnatürliches Gelüste treiben,« schloß Rosalinde ihren Vortrag.

Ein verkrüppeltes Wesen mit wirrem, struppigem Haar wackelte jetzt auf Rosalinde zu und declamirte aus einem Volksliede:

»Wann d' Papageien Concerte geb'n

Und d' Affen a Soirée,

Die Schwalben man füttert mit Ziweb'n,

Und die Wanzen mit Kaffee

Und der Bandlwurm a Seiden spinnt,

Der Esel Eisschuh schleift

Und die Leut' auf'n Kopf gar stehen,

Wird dös a g'schehen.«

Rosalinde stieß sie unsanft von sich und wendete sich zu ihren Anhängerinnen, deren Gratulationen und Beifall ihr im vollsten Maße zu theil wurde. Die Wuth ihrer Widersacherinnen machte sich durch Zischen und Schmähungen Luft. Zu diesen gehörte selbstverständlich auch die Oberwärterin.

»Erhebt sich denn gar keine Hand, um diesem Krokodil die Zähne auszubrechen,« knurrte sie, eine Faust im Sack machend. »Die Giftblase spielt jetzt die erste Geige. Wenn ich gestudirter Doctor wäre, sollte sie einen Denkzettel kriegen, den sie sicherlich nicht hinter den Spiegel stecken würde. Das boshafte Weibsbild scherwenzelt um die Herren Allesmir und gönnt den armen Emanzipandlerinnen nicht das bischen Freiheit, weil sie mannstoll ist und durch ihre Kriecherei die Männer erobern möchte. Ihre Krankheit ist ja die Manonymphie, die Mannsucht.«

Die linke und mittlere Gruppe waren in zorniger Aufregung. Sie schrien und kreischten und gesticulirten, während Rosalinde, um die sich ihre Anhängerinnen geschaart hatten, höhnisch auf ihre Widersacherinnen herabsah.

»Frau Pelten will reden. Na, die wird der Viper kein Kleingeld auf ihre Münze zurückgeben,« murmelte Margarethe, sich vergnügt die Hände reibend.

Eine stattliche Frau nahm jetzt das Wort. Sie versicherte, daß die Geistesschärfe und Logik, mit denen die drastischen Bilder entworfen wären, der Spenderin dieser kostbaren Geistesperlen einen unvergänglichen Ruhm sicherten. Solch edle Selbstlosigkeit im Kampfe für Weiblichkeit und Frauenwürde könne wahrlich nur das gefühlvolle Herz einer nicht emancipirten Frau beseelen. Das Für und Wider der Frauenemancipation wolle sie hier nicht erörtern, dies sei eine Frage der Zeit. Die Zukunft werde lehren, ob dies wirklich ein göttliches und natürliches Recht wäre, daß das Weib allein unverrückbar an einem Standpunkte geschmiedet bleiben solle. Nur dies bleibe ihr dunkel, warum die Hüterin des Palladiums der Weiblichkeit behaupte, daß die Aufklärung, und das Streben nach Freiheit, alle zarten Blüthen der Gefühlswelt entwurzelten. Diese hätten ja erst die köstlichsten Blüthen zur Entwicklung gebracht. Die Aufklärung, das Denken über Menschenrechte und Menschenwürde könnten der Weiblichkeit nicht Abbruch thun und seien nicht gottlos. Die Menschenvernunft sei ja ein Ausfluß der Gottesvernunft und daher ihr ähnlich, sie sei das Organ des Verständnisses mit Gott, der Impuls zur wahren Erkenntniß und der Wegweiser zur reinen Religion. Die Erweiterung des geistigen Horizontes, der Fortschritt und die immerwährende Weiterentwicklung der Menschheit, bis sie die Vollendungsstufe erreiche, dies sei ja der wahre Gottesgedanke. Warum sollte also das urewige Wesen dem Weibe den göttlichen Funken, den Verstand, gegeben haben, wenn man von ihm nur stumpfe, sterile Gläubigkeit fordert? Sollte das große, gütige Wesen verlangen, daß die Frau nicht denke, nicht nach Freiheit, nach Selbstständigkeit strebe, daß sie nur an die höhere Befähigung und Einsicht, an die Erhabenheit und Oberhoheit des Mannes blindlings glaube? Dies sei das ungerechteste Verlangen, das je einem Menschenhirn entsprang, denn göttlich sei sein Ursprung nicht. Der mächtige Weltgeist verbiete keinem vernunftbegabten Wesen das Joch der Vorurtheile abzuschütteln, die Bande, welche den Geist umwinden und ihn stumpf und unfähig machen, zu sprengen. Er gebiete den Aufschwung zum Menschenrecht und das Emporstreben zur Freiheit.

Margarethe schüttelte unzufrieden den Kopf. Dies war, wie sie Zerlinen zuflüsterte, die Antwort nicht, die sie dem Giftpilz gegeben wissen wollte. Wie Taubeneier groß sollten Hagelkörner dicht über das schuldige Haupt daniederschmettern, und da kam ein leichter Regenschauer mit Rosenwasser parfümirt. Zu Rosalinde müßte ein scharfzüngiges Höckerweib reden und nicht Frau Pelten, eine berühmte Bücherschreiberin. Zerline erhob sich nun von ihrem Sitze. Die Abhandlungen *pro* und *contra* Emancipation waren ihr herzlich gleichgiltig. Ein gescheites Weib, dachte sie, benöthigt keine officielle Anerkennung seiner Rechte. Es weiß die eingebildeten Obergötter in demüthige Sclaven umzuwandeln. Sie fand selbstverständlich kein Interesse an diesem Wahnsinn, der sich so vernünftig geberdete, und bat Margarethe sie zu Geisteskranken zu geleiten, die ihre Verrücktheit nicht mit dem Gewande der Vernunft bekleideten. Schon wollte die Oberwärterin ihren Wunsch erfüllen, als eine ältliche Frau mit markirten Zügen das Wort verlangte.

»Die Sozinalkroatin will reden,« rief Margarethe aufjubelnd. »Na, da kommt es gesalzen und gepfeffert. Ich habe gegen die Sozinalkroatin eine Wuth, wenn sie aber dem Kratzeisen da die Zähne stumpf macht, will ich es ihr nicht vergessen.« Sie bat nun Zerlinen noch eine Weile sich zu gedulden, um die Genugthuung zu haben, die Schmerzensschreie Rosalinde's zu vernehmen, wenn die scharfen Krallen der Sozinalkroatin sich in ihr Gerippe einbohren würden. Während die Präsidentin die Ruhe bei dem wildaufgeregten Auditorium herzustellen suchte, berichtete Margarethe Zerlinen, daß Frau Pelten, die berühmte Bücherschreiberin, bald die Anstalt verlassen würde. Sie sei vor Gram tiefsinnig gewesen, weil ihr Gatte, ein gewissenloser, dummer Ohnehirn, die gebildete Frau schrecklich mißhandelt und ihr sogar unter dem Vorwande, sie habe durch das Bücherschreiben den Verstand verloren, die Erziehung ihres Töchterchens entzogen habe. Nun sei sie von ihm los und ledig, sie sei von ihm gesetzlich geschieden und könne nach Herzenslust berühmte Bücher schreiben. Die Sozinalkroatin bilde sich ein, fuhr sie dann fort, sie sei dazu berufen, die Ordnung auf der lieben Gotteswelt herzustellen und deshalb wolle sie Alles zu gemeinem Gut machen. Sie habe Margarethen erklärt, Alles müsse Allen gehören. Ihr Mund sei ein feuriges Schwert, versicherte die Oberwärterin, und die mustergiltigste Feuerwehr würde sich vergeblich anstrengen diesen Höllenbrand zu ersticken.

Inzwischen hatte das Wortgefecht wieder begonnen. Die Glocke der Präsidentin und ihre eindringliche Stimme hatten sich endlich Gehör verschafft.

»Auch ich will ein Bild entwerfen,« rief die Sprecherin, »ein wahrheitgetreues Bild von den Hüterinnen des Palladiums der Weiblichkeit und auch von ihrer Anführerin, der giftgeschwollenen Natter, die feig in die Ferse sticht und die an Bosheit, Heuchelei, Arglist und tückischen Ränken alle ihre Anhängerinnen überflügelt.«

»Man muß ihr das Wort entziehen,« schrie Rosalinde zornglühend.

»Warum nicht gar,« rief die Oberwärterin, die Hände in die Seiten stemmend. »Was Einem recht, muß dem Anderen billig sein. In unserer Anstalt darf jeder frei von der Leber weg reden. Wer nicht hören will, kann gehen.«

Die dünne, lange Gestalt Rosalinde's zitterte vor Wuth. Ihr grimmig funkelndes Auge starrte bald die Oberwärterin, bald die Socialdemokratin mit unsäglichem Haß an.

Die Rednerin begann nun eine drastische Schilderung dieser Kämpferinnen für die das Gemüth verfeinernde, verschönernde, veredelnde Weiblichkeit zu entwerfen. Als Mädchen, versicherte sie, blieben diese zarten Naturen Jahre hindurch bei der Zahl »zwanzig« stehen und erst wenn sie plötzlich unter den Augen gewisse ominöse Linien entdeckten, wenn der Teint gelb wie eine langgebrauchte Messerscheide würde, wenn das Haar sich zu lichten beginne und indiscrete Silberfäden auftauchten, erst dann entschließen sich die zarten Lianen den ersten besten Stock als Stütze zu nehmen und die Stufen der »Fünfundzwanzig« zu erklimmen. Als verheiratete Frauen klammern sie sich mit verzweifelter Anstrengung an die Zahl »dreißig«, drücken einen unüberwindlichen Abscheu gegen das barbarische Mittelalter aus und wollen, o seltsamer Widerspruch! doch nicht fortschreiten, ja sie bestreben sich sogar Rückschritte zu machen. Sie leben so lange im Wahne, daß sie glauben machen, was sie glauben machen wollen, bis die Nemesis in Gestalt mannbarer Töchter sie zur grausamen Wirklichkeit zurückführe. Solch sprechende Beweise vermögen sie nicht mehr hinwegzudisputiren. Nun höre wohl der Kampf gegen den schonungslosen Saturn auf und sie singen endlich ihrer längst dahingeschiedenen Jugend das *requiescat in pace.* Dafür aber nehmen sie bei der ersten Condolenzvisite des Alters sofort von all' dessen Privilegien Besitz und werden augenverdrehende Frömmlerinnen und Jüngerinnen der Medisance. Als Lady Tartuffe, die vom Scandal zum Sacrament gegriffen, verstehen sie es meisterhaft ihre Antecedentien mit dem Deckmantel der Heiligkeit zu drapiren und mit gegen Himmel gerichteten Blicken über die Verderbtheit der Menschheit zu jammern. Als Jüngerinnen der Medisance wären sie ein furchtbares Tribunal. Wehe den Unglücklichen, die der Macht dieser Cannibalinnen anheimfielen. Jugend, Schönheit, Talent, Edelsinn, Hochherzigkeit wären da verdammenswerthe Verbrechen, die mitleidlos geahndet würden. Um vor der Verfolgungswuth dieser Harpien gesichert zu sein, müsse man die höchste oder niederste Stufe auf der socialen Leiter einnehmen. Wer nicht gefürchtet oder übersehen werde, der fühle, wie diese Ungeheuer mit vereinten Kräften an dem Piedestal seines Glückes rüttelten, um dies gewaltsam zu zertrümmern. »Diese Weiber nun nennen sich die Kämpferinnen für die Weiblichkeit,« schloß die Sprecherin ihre Rede. »Sie verfolgen alle ihre Schwestern, die nicht ihrem Bunde angehören, die den Muth haben nach Freiheit, nach Menschenrecht, nach Selbstständigkeit zu ringen, sie begeifern Alle, welche die Schwächen der zarten Naturen abgestreift, das heißt, welche keine rührenden Sprüche, keine schönen Redensarten, keine frommen Tractätchen und keine gleißnerischen Thränen mögen; sie verfolgen die Zerrbilder, welche die Eitelkeit, die Gefallsucht, den

Eigensinn, die Unbeständigkeit, die Klatschsucht, all' diese reizenden Attribute der zarten Naturen abgestreift haben, um ohne Scheu zu behaupten, daß Freiheit und Menschenrecht nicht das Monopol Einzelner, sondern Gemeingut sein müsse.«

Ein anhaltender Beifall ihrer Parteigängerinnen begleitete die Schlußworte der Sprecherin. Dann aber folgte ein solch lautes, verwirrtes Gebrause von Stimmen, daß man nichts Deutliches mehr vernehmen konnte. Die Wuth der rechten Gruppe war in hellen Flammen ausgebrochen. Mit wildem Geschrei, mit drohend geballten Fäusten begannen sie alsbald auf ihre Widersacherinnen einzudringen. An ihrer Spitze gewahrte Zerline die Präsidentin die Glocke schwingend, um sich derselben als Wurfgeschoß zu bedienen. Ihr zur Seite befand sich Rosalinde mit funkelnden Augen wie eine wilde Katze, die mageren Hände mit den krallenartig zugespitzten Nägeln drohend erhoben. Ehe jedoch die zarten Naturen mit den starken Naturen handgemein werden konnten, hatten einige handfeste Wärterinnen sie auseinandergebracht und in ihren Wohnstuben internirt.

Die Oberwärterin erzählte nun Zerlinen, während sie sich in eine andere Abtheilung begaben, der Schluß jeder Sitzung gleiche dem der nun stattgefundenen. Die schattenhafte Jungfer Rührmichnichtan könne keine Wahrheit verdauen und erwiedere diese durch Prügelargumente. Der Herr Doctor nenne diese Kämpfe den Frosch- und Mäusekrieg. Nun begann Margarethe wieder die Krankengeschichten ihrer Pfleglinge zu berichten. Auf Nr. 89 wohne eine gefährliche Irre, ein altes Mütterchen, das durch die Schlechtigkeit eines herzlosen Kindes den Verstand verloren habe. Die entartete Tochter habe der braven Mutter einen Schimpf zugefügt, den ein ehrliches Mutterherz nicht verwinden könne. Das tolle Lamm bilde sich nun ein, böse Geister wollten ihr Kind verleumden und kämpfe gegen diese Teufel. In Nr. 90, belehrte die Oberwärterin weiter, wohne eine arme Närrin, welche die Treulosigkeit ihres Gatten in die Anstalt gebracht habe. Er habe das schöne liebe Weib um einer Komödiantin willen verlassen und dadurch dem Wahnsinne überliefert. Jetzt weine sich die arme Närrin um das liederliche Tuch die Augen aus. Nach diesen Worten öffnete sie die Thüre von Nr. 90.

Auf einem Lehnstuhle saß eine weibliche Gestalt bleich und mit eingesunkenen Wangen, um die das reiche dunkle Haar in aufgelösten Strähnen herabfiel. Die großen, düster glühenden Augen starrten in die Ferne, die Brust hob und senkte sich rasch und die weißen, durchsichtigen Hände zuckten krampfhaft, bald sich öffnend bald sich wieder zusammenziehend.

»Sie denkt immer an den Gewissenlosen, der ihr um einer liederlichen Komödiantin willen das bitterste Herzleid zufügte,« flüsterte Margarethe

Zerlinen zu. »Um seinetwillen hat sie sich in's Wasser gestürzt. Als man die Arme mit knapper Noth den Wellen entriß, mußte man sie zu uns in die Anstalt bringen. Diese freche Komödiantin soll der leibhafte böse Geist sein, schöner als alle Weiber und schlechter als alle Mannsbilder. Na, wenn die meinen Ferdi mit ihren schamlosen Teufelskünsten verlockt hätte, würde ich etwas Anderes thun, als mich in's Wasser stürzen und den Verstand verlieren. Meine Nägel würden ihre Larve in eine wahre Teufelsfratze verwandeln.«

Die Irre hatte jetzt die Eintretenden bemerkt. Sie erhob sich von ihrem Sitze, näherte sich langsam Zerlinen und richtete ihr großes Auge mit unsäglicher Schwermuth auf die Besucherin.

»Kommen auch Sie, Aermste, hierher, um eine Zuflucht zu suchen?« frug sie mitleidig. »Für ein hartgetroffenes Gemüth liegt die Heilung einzig und allein nur in der Abgeschiedenheit von der Welt und im Aufgeben jeglichen Kampfes gegen Tücke und Bosheit. Ja, Tücke und Bosheit führen das Scepter auf Erden und treten das Recht mit Füßen,« fuhr sie düster fort. »Was man uns auch vom Lohn der Tugend und von der Strafe des Lasters erzählen mag, dies Alles ist erdichtet. Das Böse triumphirt, das Gute wird mißhandelt. Einst war ich eine überspannte Träumerin,« fuhr sie nach einer Pause mit zuckenden Lippen fort, »einst sah ich Alles vom Glanze seliger Hoffnung umstrahlt. Damals erschien mir die Welt als blühender Zaubergarten, die Menschen sah ich als Engel an, ich lebte noch in den Träumen der Märchenwelt, die unsere Kindheit beglücken. Die drei Himmelslichter Glaube, Liebe und Hoffnung flammten hell und leuchtend in meiner Seele. Der Traum war voll überirdischer Wonne. Da erloschen der Glaube und die Hoffnung miteinander, und finstere Nacht mit all ihren Schrecknissen umgab mich.« Nach diesen Worten hielt sie wie von der Wucht schrecklicher Erinnerungen daniedergedrückt, einige Augenblicke inne.

Zerline athmete kaum. Hier sah sie den Schmerz ungekünstelt und doch mit solch hinreißender Wahrheit ausgedrückt. So und nicht anders mußte sie als Ophelia sprechen, diese Bewegungen mußte sie copiren. Der Wahnsinn sollte von ihr mit unerreichbarer Virtuosität dargestellt werden, keine Rivalin sollte ihr je darin gleichkommen. Solche und ähnliche Gedanken erfüllten den Kopf und das Herz der Bühnen-Heroine. Sie ahnte nicht mit welch furchtbarer Wahrheit sie bald eine Rolle, ohne diese zu studiren, spielen sollte.

»Gibt es einen größeren Schmerz, als vom Manne, den man über Alles liebt, verrathen und betrogen zu werden?« fuhr die Irre wie im Selbstgespräch fort. »Ein Dämon hat meine heiligsten Empfindungen, meine seligsten Hoffnungen mit kalter Berechnung gemeuchelt, eine farbenprächtige Natter hat sein Herz vergiftet und seine Liebe zu mir ertödtet. Die Welt erschien mir nun als Wildniß mit reißenden Thieren bevölkert, das Leben wurde mir eine Bürde. Mein greiser Vater suchte mich nun durch die Versicherung zu trösten, daß allüberall, an den glühenden Sandsteppen der Sahara, wie an den Eisfeldern der Polargegenden, da, wo die Menschheit im primitiven Zustande vegetirt, und dort, wo sie den Zenith der Cultur erreicht zu haben wähnt, allüberall, sagte er, werde oft Liebe und Vertrauen mit Verrath gelohnt. Wie vermochte aber der Schmerz anderer Verrathenen mein Weh zu mildern und die feurige Lohe, die in meinem Innern brennt, zu löschen. Diese Flammen brennen fort und verzehren meine gefolterte Seele.« Hier preßte sie die Hände gegen die Stirn und stöhnte laut und schmerzlich.

Zerline lauschte lautlos mit zurückgehaltenem Athem. Mit Freuden würde sie ihren kostbarsten Schmuck geopfert haben, um dieses Mienenspiel, diese Handbewegung, diese erschütternden Töne ihr eigen zu nennen. Wie mußte solch ein Spiel das Publicum hinreißen, wenn sie, die Tragödin, davon so hingerissen wurde.

»Sie sind ja gleich mir eine arme Schiffbrüchige,« wendete sich die Irre wieder an Zerline. »Sie kennen also das gräßliche Gefühl, welches der Unglückliche empfindet, wenn er rings um sich her die Trümmer seines Lebensglückes sieht und wenn ihm in der finsteren Nacht der Verzweiflung kein Hoffnungsschimmer mehr blinkt.« Hier blieb sie wieder einige Augenblicke in düsteres Sinnen verloren stehen. »Im Traume verrieth er sich,« begann sie dann mit gehobener Stimme. »Jene Stunde brachte mir die gräßliche Wahrheit, so furchtbar, so unausbleiblich wie Elend und Tod. Robert liebte mich nicht mehr. Da saß mit einemmale die Natter,« sie schlug mit der Hand auf ihr Herz, »hier sitzt sie und will nicht weichen. Da fühlte ich es am ersten, da schmerzt es am heftigsten, da tönt es schaurig, er liebt dich nicht mehr, er liebt eine Andere. Seit jener Stunde verlor ich mich selbst, seitdem ich seine Stimme nicht höre, seinen Puls, seinen Hauch nicht fühle, war ich den finsteren Mächten verfallen. Mit einemmale vernahm ich Stimmen aus den blauen Fluten, Stimmen, die mir geheimnißvoll zuflüsterten, in die stille, friedliche Tiefe zu steigen, um da meinen glühenden Schmerz zu stillen. Die Wellen flüsterten so süß und lockend, daß ich dem Syrenensang nicht zu widerstehen vermochte. Ich stieg in die Tiefe, um Heilung und Vergessen zu suchen. Ich fand da keine Heilung und kein Vergessen,« fuhr die Irre mit steigender Erregung fort. »Der Wasserspiegel ist ebenso falsch wie Robert. Auch er birgt in seinem Innern gefährliche Abgründe, treulose Klippen und gräßliche Ungeheuer.«

Zerline begann jetzt ängstlich zu werden. Die Irre wurde immer aufgeregter, der Wahnsinn begann sich in furchtbarer Gestalt zu zeigen. Bei all' ihrer Opferwilligkeit für die Kunst konnte sich Zerline doch nicht enthalten der Oberwärterin ihren Wunsch, die unheimliche Kranke zu verlassen, auszudrücken. Margarethe beruhigte sie jedoch durch die

Versicherung, die arme Närrin sei harmlos wie ein Kind und ihr Praxismus erlösche wie nasses Holz.

Mit der Irren ging nun eine immer schrecklichere Veränderung vor. Ihr Antlitz bedeckte sich mit brennender Röthe, die Augen glühten in immer unheimlicherem Glanze, das Geberdenspiel wurde immer wilder und die Sätze wurden abgebrochen und mit heiserer Stimme hervorgestoßen.

»Sein Kuß – seine Liebesschwüre – hinreißende Lügen – Im Schlafe – ruft sein Mund – das Trugbild!« stieß sie mühsam hervor. »Da seht – da reckt die Natter – den Kamm aus dem Grase.« – Sie bezeichnete eine Vision ihres kranken Geistes. »Ihre Giftzähne beißen sich – in mein Herz ein!« schrie sie auf und preßte die Hand an die Brust.

Zerline wurde todtenbleich und wich erschrocken bis zur Thür zurück.

»Sie thut keiner Fliege was zu Leid,« versicherte Margarethe.

»Der Brand in meinem Kopfe wird immer stärker,« stöhnte die Irre. Plötzlich blieb sie in lauschender Stellung mit zurückgehaltenem Athem stehen. »Robert spricht im Schlafe,« flüsterte sie und blieb dann einige Augenblicke regungslos horchend. Mit einemmale zuckte sie zusammen und grub die Nägel in ihre Brust. »Sein Mund ruft Zerline,« schrie sie mit wilder Wuth. »Zerline, Teufelin vom Pesthauch der Hölle erzeugt, sei verflucht!«

Wäre der Blitz zu den Füßen Zerlinens eingeschlagen, dies würde kaum eine schrecklichere Wirkung auf sie hervorgebracht haben, als die Entdeckung, daß sie die Ursache vom Wahnsinn des unglücklichen Weibes sei. Sie war also die Komödiantin, welche das Liebesglück der zärtlichen Gattin zerstört hatte. Die leichtsinnige, eroberungssüchtige Männerbezwingerin vermochte beim Anblick der Jammergestalt, die sie vor Augen hatte, ein Gefühl, das sie nur selten empfand, das der Reue, nicht zu bemeistern. Ja das Schuldbewußtsein übermannte sie dergestalt, daß sie wie gelähmt dastand und mit weitaufgerissenen Augen auf die Geisteskranke starrte, deren Paroxysmus sich immer mehr steigerte. Schmerzensschreie eines gebrochenen Herzens wechselten mit flehentlichen Bitten an den Treulosen, sie nicht in Wahnsinn und Tod zu jagen und mit wilden Flüchen und Schmähungen gegen den Dämon, der ihr Glück gemeuchelt. Dies war die Agonie einer bis auf den Tod getroffenen Seele. In großen Tropfen perlte der Angstschweiß von der Stirn Zerlinens, ihre Füße waren wie am Boden festgenietet und vermochten sie nicht aus dem Bereiche der Schrecklichen zu tragen. Erst als dem Paroxysmus der Irren eine vollständige Erschöpfung folgte und die Unglückliche kraftlos und gebrochen zusammenbrach, erst dann wich die Erstarrung von Zerline.

Jetzt stürzte sie der Thüre zu und wollte entfliehen, da stellte sich ihr aber ein Hemmniß entgegen. Eine bleiche Frau mit einer Harfe in der Hand stand an der offenen Thüre.

»Du hier. Dich soll ich ja kennen,« murmelte die Neueingetretene und starrte Zerlinen mit ihren großen, seltsam glänzenden Augen an.

Kalter Schweiß perlte von Zerlinens Stirn. Sie wich erschrocken von der Thüre zurück. Diese Züge, diese Stimme waren ihr nicht fremd.

»Was willst du, Bänkelsängerin? Hier ist nicht der Ort, um deine unfläthigen Lieder auszukramen. Fort, Komödiantin,« knurrte Margarethe und unterstützte ihre Worte mit einer drohenden Geberde. Die Irre schien aber die Weisung der Oberwärterin nicht zu beachten, sie starrte auf Zerline, wie auf eine Vision und fuhr mit der Hand über die Stirn, als suche sie ihre Gedanken zu sammeln. »Ich weiß es jetzt,« rief sie plötzlich aufjauchzend. »Du bist Zerlinchen. Du kommst auch zu uns. Ha, ha, ha, die schöne Zerline kommt mir Gesellschaft leisten! Wir wollen lustig sein. Nur nicht weinerlich, Zerlinchen. Sollst ein lustig's Lied'l haben.«

»Schauts außi wie's regn't,

Und schauts außi wie's gießt,

Und schauts außi wie der Reg'n

Vom Dach abischießt.«

»Fort, Komödiantin,« schrie die Oberwärterin, nach deren Meinung diese Benennung den herbsten Schimpf enthielt. Die Volkssängerin wich knurrend zurück und forderte Zerline auf, die Verunglimpfung ihres Standes an dem alten Reibeisen zu rächen. Die Oberwärterin war nicht wenig über die ihr beigelegte Benamsung, wie auch über die dem gestudirten weiblichen Arzt angethane Beleidigung empört und lieh ihrer Entrüstung derbe Worte.

»Mein schönes Zerlinchen, welches alle Männer am Narrenseil führt, soll ein Quacksalber sein: Eine Schauspielerin ist sie. Ja das ist sie, du alte Truthenne, und wenn auch deine Kropfkorallen darüber braun und blau werden, bleibt Zerlinchen doch eine Theaterprinzessin,« kicherte die Irre zur nicht geringen Wuth der Oberwärterin.

Die erschrockene Zerline suchte nur die Thüre zu gewinnen. Sie fühlte sich dem Wahnsinn nahe, sie mußte aus dieser Behausung des Entsetzlichen entfliehen. Schon war sie dem Ausgange nahe, als sich ihr wieder ein Hemmniß in den Weg stellte. Eine Hand legte sich auf ihre Achsel und eine Stimme, die das Blut in ihren Adern erstarren machte, frug sie: »Du bist also Zerline?« Die Tragödin erbebte und blickte entsetzt in das verzerrte Antlitz der unglücklichen Gattin Roberts. »Du bist also Zerline?« wiederholte diese ihre Frage mit wachsender Aufregung. Vor Schreck außer sich, kaum wissend was sie that, beantwortete Zerline die verhängnißvolle Frage mit einer bestätigenden Kopfbewegung. Die Irre stieß nun einen Schrei aus, der dem Wuthgebrüll eines wilden Thieres glich, und umspannte mit rasender Gewalt das zarte Handgelenk der Tragödin. Diese schrie vor Schmerz und Schrecken laut auf und rief um Hilfe. Die Oberwärterin, der es endlich gelungen war die Bänkelsängerin aus dem Zimmer zu entfernen, eilte sofort herbei und suchte Zerlinen aus der Gewalt der Geisteskranken zu befreien. Weder Bitten noch Vorstellungen vermochten die Irre zur Nachgiebigkeit zu bewegen.

»Sie ist mein, die farbenprächtige Natter,« schrie sie in wilder Wuth. »Sie kam, um sich an meinem Todeskampfe zu weiden, um wie ein Vampyr das Blut aus meinem Herzen zu trinken, sie muß dafür mit mir den bösen Geistern verfallen. Ich will ihre Schönheit, mit der sie Handel treibt, vernichten, ich will ihr kaltes Herz, mit dem sie Liebe heuchelt, mit meinen Nägeln zerfleischen, ich will ihr die Giftzähne ausbrechen. Ein Scheusal soll sie äußerlich werden, wie sie es innerlich ist. Robert soll sie in ihrer wahren Gestalt sehen. Dann wird er sie von sich stoßen, wie er es mir gethan, und die feurige Lohe, die mich verzehrt, wird auch in ihrem Innern lodern.«

Vergeblich suchte Margarethe die Wuth der Irren durch Versicherungen und Schwüre, daß die Bänkelsängerin schamlos gelogen habe, zu beschwichtigen. Fräulein Doctor sehe doch nicht einem frechen Komödiantenweibsbild ähnlich. Diesen Ungeheuern sei ja ihr schamloser Beruf deutlich genug auf der Larve gepinselt, behauptete die Oberwärterin. Alle diese Beweise erwiesen sich aber fruchtlos. Die Geisteskranke wollte ihre Gefangene nicht freigeben. Als zuletzt Margarethe die Hand Zerlinens aus der Umklammerung mit sanfter Gewalt befreien wollte, da stieß die Irre einen schrillen Schrei aus und schleuderte die Zudringliche mit Riesenkraft von sich.

»Heilige Mutter Gottes, stehe uns bei! Sie wird tobsüchtig,« stöhnte die Oberwärterin. »Reizen Sie das tolle Lamm nicht, verhalten Sie sich ruhig. Ich will Hilfe herbeirufen,« flüsterte sie Zerlinen zu und eilte aus dem Zimmer.

Zerline hörte sie nicht, sie stand regungslos wie ein Steinbild und starrte angstvoll auf die Geisteskranke. Diese schien jetzt, da man sie durch die Versuche ihre Gefangene zu befreien nicht mehr reizte, ruhiger zu werden.

»Du bist also seine vergötterte Zerline mit der junonischen Gestalt, mit dem unergründlichen Feuerauge und mit dem goldenen Lockengeringel,« rief sie dann, die Tragödin mit den Augen verschlingend. »Ja du bist schön wie der Geist des Bösen, dessen verhängnißvolle Schönheit der Menschheit Jammer und Elend bereitet. Auch ich war einst schön, und Robert liebte mich, bis du Teufelin mich zu dem gemacht hast, was ich nun bin. Deine Schönheit soll wie die meine verderben. Auch du sollst trockene Thränen weinen, Thränen, die wie Gluttropfen auf die Seele fallen und sie in Brand setzen.«

»Gnade, Erbarmen!« stammelte Zerline angstvoll.

»Das Erbarmen, das du mit mir gehabt, will ich mit dir haben,« erwiederte die Geisteskranke.

»Du willst mich tödten,« murmelte Zerline auf die Knie sinkend und das todtenbleiche Antlitz mit den Händen bedeckend.

»Dich tödten? Nein. Du sollst leben und leiden und die Schale der Wiedervergeltung bis auf den letzten Tropfen leeren. Deine Schönheit will ich zerstören, und Robert soll dich von sich stoßen!« rief die Irre mit flammenden Blicken.

Zerline bebte wie Espenlaub. Sie fühlte sich schwach und hinfällig und war allein mit der Wahnsinnigen, hilflos ihrer Macht preisgegeben. Ihre Sinne schwanden, der Boden wich unter ihren Füßen, mit einem Schreckensschrei sank sie zusammen.

»Du darfst nicht sterben, du mußt leben und leiden, wenn Robert dich von sich stößt,« kreischte die Irre. Mit einemmale unterbrach sie sich und blieb lauschend stehen. Im Corridor ließ sich ein Geräusch von eilig nahenden Schritten vernehmen. Die Irre zuckte zusammen und wendete ihren Blick der Thüre zu. Sie sah Margarethe von zwei Wärterinnen begleitet in die Stube treten. Mit wilder Heftigkeit umschlang sie die bewußtlose Zerline und stellte sich in drohender Haltung der Oberwärterin entgegen.

»Jesus, das tolle Lamm wird das Fräulein Doctor erdrosseln!« kreischte Margarethe. Sie suchte die Irre zu begütigen. Als aber dies fehlschlug, da entschloß sie sich Gewalt zu gebrauchen. Sie befahl den Wärterinnen der Irrsinnigen eine Decke über den Kopf zu werfen und sich dann mit Gewalt ihrer zu bemächtigen. Die Wuth der Geisteskranken erreichte nun den Höhepunkt. Ihr Auge schoß wilde Flammen; mit einem Arm hielt sie Zerline umschlungen, der andere war drohend gegen die Wärterinnen erhoben.

Jetzt sauste die Decke durch die Luft. Die Irre, die Gefahr bemerkend, wich aber dem Wurfe aus. Die Lage Zerlinens wurde immer gefährlicher. Sie hing wie leblos in den Armen der Wahnsinnigen und gab auf alle Zurufe der Oberwärterin keine Antwort. Kalter Angstschweiß bedeckte die Stirne Margarethens. Sie befahl nun den Wärterinnen die Aufmerksamkeit der Irren zu beschäftigen, damit sie sich ihr unvermerkt nähern könne. Das gutherzige Weib flehte alle Heiligen um Hilfe in dieser Noth an. Sie wollte schon ihr Leben wagen, um die Wüthende zu bewältigen, wenn nur das Fräulein Doctor der Gefahr entrissen wurde. Ja es war mit nicht geringer Gefahr verbunden, der Irren ihr Opfer zu entreißen. Die Oberwärterin wußte aus

Erfahrung, welche Riesenkraft der Wahnsinn dem schwächsten Körper verleiht. Gebete murmelnd spähte Margarethe auf den günstigen Moment, um ihr Vorhaben auszuführen, als Stimmen und eilige Schritte auf dem Corridor vernehmbar wurden. »Der Doctor! Wir sind gerettet!« schluchzte die Oberwärterin, die Hände dankend zum Himmel erhoben. Bald erschien auch der Arzt der Frauenabtheilung athemlos an der Thüre. Ein Blick genügte dem Psychiater, um das Schreckliche zu übersehen. Rasches Handeln war dringend nöthig, um die bewußtlose Zerline aus ihrer gefährlichen Lage zu befreien, aber die Irre mußte besänftigt und nicht gereizt werden. Der erfahrene Psychiater befahl den Anwesenden das Zimmer zu räumen und begann dann langsam sich der Irren zu nähern. Er sprach sanfte, beruhigende Worte, die ihr versicherten, daß die Verfolgerinnen die Flucht ergriffen hätten. Die Wahnsinnige, die in einem Winkel zusammengekauert, Zerline fest an sich drückend dasaß, erhob beim Klange seiner Stimme das Haupt. Als sie den Arzt erblickte, verstummten ihre Schreie, die wilde Wuth begann zu schwinden. Je näher der Psychiater kam und je sanfter seine Worte erklangen, desto mehr legte sich die Aufregung der Unglücklichen. Als er nun endlich ihr gegenüberstand und sein durchdringendes Auge fest auf das ihre heftete, da wurde sie sanft und ruhig. Der Ring, den ihre Hände um Zerline geschlossen hatten, wurde jetzt immer loser, er löste sich bald ganz, und ihre Arme sanken schlaff hinab. Jetzt fing der Arzt die regungslose Zerline in seinen Armen auf und begann, das Antlitz der Irren zugewendet, langsam der Thüre zuzuschreiten. Immer noch erklangen die sanften, beschwichtigenden Worte und immer haftete sein fascinirender Blick auf der Irren, welche ihr Auge von dem des Psychiaters nicht loszureißen vermochte. Nun war er der Thüre nahe, die sich geräuschlos von außen öffnete. Noch ein Moment namenloser Angst, unsäglicher Bangigkeit für Margarethe und sie sah das Fräulein Doctor außer dem Bereiche der Wahnsinnigen.

Als Zerline zum Bewußtsein zurückkehrte, mußte sie eine niederschmetternde Anklage vom Arzte anhören. Das arme Weib, dessen Lebensglück sie zerstört hatte, war nun auch durch ihre Schuld in unheilbare Tobsucht verfallen. Scharf und verächtlich waren die Worte, welche der Psychiater zum Fräulein Doctor, das sich als die berüchtigte Zerline entpuppt hatte, sprach. Die empörte Oberwärterin rief ihr ihrerseits zu, die gemeine Katze, welche sich frech in eine Löwenhaut gesteckt, werde ihr noch einst in die Hände fallen, denn der Lohn für die Schlechtigkeiten der schamlosen Komödiantenweibsbilder sei das Spital oder das Irrenhaus. Zerline vermochte bei dieser trostreichen Verheißung einen Schauer nicht zu unterdrücken.

Seitdem besucht die Tragödin kein Irrenhaus mehr, um da den Genius der tragischen Kunst zu suchen.